Das Wunder inneren Friedens

NANCY O'HARA

DAS WUNDER INNEREN FRIEDENS

INNEHALTEN ✥ ATMEN ✥ SPÜREN ✥ SEIN

Aus dem Englischen übersetzt
von Marion Zerbst

Lotos

Lotos Verlag
Lotos ist ein Verlag der Verlagsgruppe
Random House GmbH

ISBN 3-7787-8167-7

Die Originalausgabe erschien 1995 unter dem Titel
»Find a Quiet Corner« im Verlag Warner Books, New York, USA.

Redaktion: Barbara Imgrund
Einbandgestaltung: Christine Klell, Wien,
unter Verwendung einer Fotografie von Serge Kozak
Gesetzt aus der Goudy bei Schaber Datentechnik, Wels
Druck und Bindung: RMO-Druck, München

Für Vater und Donge

Danke, dass ihr meine Aufmerksamkeit auf meine Atemzüge gelenkt habt, als ihr euren Atem verlort ...

Alle Menschen, die in der so genannten zivilisierten Welt leben, sollten dieses einfache und doch von tiefer Weisheit erfüllte Buch lesen. Denn die Zivilisation hat uns unseres natürlichen menschlichen Zustands beraubt. Nancy O'Hara zeigt uns den Weg zurück in eine natürliche, friedliche Welt.

Schon die Kapitelüberschriften sind bemerkenswert: »Sich von der Atmung leiten lassen«, »Die Macht der Gewohnheit«, »Den eigenen Weg gehen«, »Aus jeder Situation das Beste machen«, »Wenn alles schief geht ...«. Diese Sätze wecken echte Neugier. In unserem hektischen Alltagsleben achten wir ja meistens nicht auf diese einfachen Dinge; deshalb finden wir keine Ruhe und somit nicht das Wunder inneren Friedens. Aber wie die Autorin zum Thema Achtsamkeit sagt: »Es ist wirklich ganz einfach, Sie werden die positiven Auswirkungen sofort spüren.«

EIDO T. SHIMANO
Abt der Zen Studies Society
24. November 1994
Dai Bosatsu Zendo

Inhalt

Einführung

Früher verbrachte ich mein ganzes Leben mit Wünschen. Ich dachte immer schon daran, was als Nächstes kommen würde: den nächsten Tag, an dem ich diese interessante Verabredung haben würde; den nächsten Job, weil ich den momentanen so sehr hasste; den nächsten Urlaub, der meinem Leben hoffentlich endlich eine neue Richtung geben würde; und den nächsten Märchenprinzen, der mich aus meinem trostlosen Singledasein erretten sollte, nachdem der letzte Prinz sich als Frosch entpuppt hatte. Ich wartete ständig auf das nächste Ereignis, das meinem Leben endlich die wundersame Wende geben würde. Auch heute neige ich immer noch dazu, mit meinen Gedanken in die Zukunft vorauszueilen; doch inzwischen bin ich so weit, dass ich es merke und meine Aufmerksamkeit wieder auf den jetzigen Augenblick zurücklenke. Aber es hat mich viel Zeit und viele Schmerzen gekostet, bis ich lernte, ganz in der Gegenwart zu leben.

Meine Suche nach der Ruhe inneren Friedens begann mit einem schweren Verlust und tiefer Verzweiflung. Den ersten Anstoß dazu erhielt ich im Jahr 1985. Damals führte ich noch mein gewohntes Leben: Ich wartete darauf, dass endlich etwas passierte, betäubte mich mit Drogen und Alkohol, um mir selbst und meiner Welt zu entfliehen, lebte in einem Abgrund der Verzweiflung und hing eigentlich nicht sehr an meinem Leben. Ich spielte sogar mit dem Gedanken, ihm ein Ende zu machen, nur um diesem ständigen Unglück zu entfliehen. Doch dann starb mein Vater. Der Verlust des einzigen Menschen, der mich zu lieben schien, war ein vernichtender Schlag für mich. Eine Zeit lang sank ich noch tiefer in Verzweiflung und in einen Drogen- und Alkoholrausch, der mich alles nur noch wie durch einen Nebel wahrnehmen ließ. Doch irgendwie machte der Tod meines Vaters mir klar, dass ich eigentlich leben wollte. Ich erkannte, dass ich mich allmählich bis zur Besinnungslosigkeit betäubte. Irgendeine Kraft jenseits meines eigenen Ichs brachte mich dazu, mir einzugestehen, dass mein Leben nur noch ein einziges

Chaos war, und ich beschloss, von nun an nicht mehr auf den Tod, sondern auf das Leben hinzuarbeiten. Von diesem Augenblick an verzichtete ich auf Drogen und Alkohol und begann, ein gesünderes Leben zu führen.

Drei Jahre später, nachdem ich viel für meine Genesung getan hatte, zwang mich ein weiterer Verlust, mich wieder auf die Suche nach dem Wunder inneren Friedens zu begeben. Mein damaliger Märchenprinz verließ mich scheinbar ohne jeden Grund. Von da an drehten meine Gedanken sich nur noch im Kreis. Mein Stolz war verletzt, mein Herz blutete, und meine Gedanken gaben mir die Schuld daran, was geschehen war. Ich fiel in ein tiefes Loch der Einsamkeit und Selbstverachtung und quälte mich mit dem Gedanken, dass das alles meine Schuld wäre, dass ich nicht liebenswert sei, dass ich genau das bekommen hätte, was ich verdiente, und nie wieder glücklich sein würde. Der Schmerz raubte mir meine letzte Kraft, und manchmal hatte ich das Gefühl, den Verstand zu verlieren – so durcheinander war ich.

In meiner Verzweiflung nahm ich an einem Meditationswochenende in einem zen-buddhistischen Kloster in den Catskill Mountains teil.

Und da ich in meinem Leben stets eine Musterschülerin sein und immer die besten Noten bekommen wollte, tat ich auch an diesem Wochenende genau das, was von mir erwartet wurde. Wenn man mir sagte, dass ich während der Zazen-Meditation still sitzen solle, dann saß ich still. Mein seelischer Schmerz war so groß, dass ich alles getan hätte, um ihn ein wenig zu lindern.

Doch der physische Schmerz des Stillsitzens war fast ebenso grausam – ich war überzeugt, dass ich meinem Körper dadurch bleibenden Schaden zufügte. Aber in der Stille der Meditation und der Begegnung mit dem Schmerz geschah an jenem Wochenende etwas mit mir. Der physische Schmerz lenkte mich von meinem seelischen Schmerz ab, und mir wurde klar, dass Schmerz ein vorübergehender Zustand ist und oft einfach nur dadurch entsteht, dass unser Ich sich an irgendetwas klammert. Nach diesem Wochenende meditierte ich weiter und zog mich in den nächsten Jahren immer wieder ins Kloster zurück. Mein Leben veränderte sich, ich veränderte mich, und mein Schmerz ließ nach, sodass ich das Leben wieder genießen konnte. Im Jahr 1991 hatte ich eine berufliche Tätigkeit gefunden, die mir Freude machte, lebte in einer intakten Beziehung und hatte mir gerade ein Haus gekauft. Endlich war mein Leben in Ordnung.

Doch bald darauf stürzte sie wieder in sich zusammen wie ein Kartenhaus. Innerhalb eines Monats verlor ich meinen Freund und meine Stellung. Erst dadurch wurde mir bewusst, wie sehr ich mich mit beidem identifiziert hatte – vor allem mit meinem Beruf. Ich war innerlich gebrochen. Die Dämonen der Selbstvorwürfe kehrten zurück. Da ich keine Ahnung hatte, wie mein Leben weitergehen sollte, zog ich mich für ein Wochenende ins Kloster zurück, um über meine Zukunft nachzudenken.

An jenem Wochenende begab ich mich auf eine neue Reise der inneren Genesung, und viele Menschen halfen mir dabei. Ich hatte schon immer den Wunsch gehabt zu schreiben; und als ich nun auf die Idee kam, für längere Zeit im Kloster zu bleiben und ein Buch über diese Erfahrung zu verfassen, ermutigten die Mönche und viele andere Freunde mich dazu. Ich lebte fünf Monate lang in dem buddhistischen Kloster, und diese Erfahrung hat mich von Grund auf verändert. Doch das ist Thema eines anderen Buches.

Aus den Erfahrungen, die mich zur Meditation führten, ist das vorliegende Buch, *Das Wunder inneren Friedens,* entstanden. Es ist aus tiefem innerem Schmerz und dem Bedürfnis erwachsen, endlich Ruhe in meine Gedanken einkehren zu lassen. Bis dahin hatte ich in meinem Leben immer nur dann etwas verändert, wenn ich so sehr litt, dass ich praktisch keine andere Wahl mehr hatte. Auch heute noch wehre ich mich instinktiv gegen jede Veränderung; doch mittlerweile bin ich mir dieses Widerstands bewusst und akzeptiere die unvermeidliche Veränderung mithilfe der Praktiken in diesem Buch. Inzwischen bin ich dankbar dafür, in meinem Leben so viel Schmerz erfahren und eine Form der Meditation kennen gelernt zu haben, die mir hilft, diesen Schmerz zu verstehen und zu akzeptieren.

Sie können dieses Buch auf jeder beliebigen Seite aufschlagen und sich einfach von den einzelnen Kapiteln inspirieren lassen; doch Sie werden am meisten davon profitieren, wenn Sie es systematisch von vorn bis hinten durcharbeiten. Ich kenne viele Menschen, die durch dieses Buch über große seelische Schmerzen hinweggekommen sind. Und wenn ich nur einem einzigen Menschen damit helfen kann, dann war all mein Leiden nicht umsonst. Aber ich weiß auch, dass jeder seinen eigenen Lebensweg hat; und solange wir innerlich nicht bereit sind, uns in unser Schicksal zu ergeben, kann nichts auf der Welt uns dazu zwingen. Es gibt kein Leben ohne Schmerz. Zwar können wir auch Freude erleben – aber erst, wenn wir den Schmerz begriffen haben. Als ich mich auf dem Weg der Meditation in die Ruhe inneren Friedens begab, habe ich zum ersten Mal in meinem Leben so etwas wie Freude kennen gelernt. Natürlich werde ich auch weiterhin Schmerzen empfinden; doch inzwischen weiß ich, dass es in meinem Leben auch Freude geben kann, wenn ich dem Weg der Meditation konsequent weiter folge.

Warum brauchen wir einen Ort der Ruhe?

Dieses Buch wendet sich an alle Menschen, die nicht wissen, woher sie die Zeit nehmen sollen, um all das zu bewältigen, was tagtäglich auf sie einstürmt: Chef, Partner, Kinder, Freundeskreis – sie alle stellen Anforderungen an uns; und die größte Belastung sind vielleicht die Anforderungen, die wir an uns selbst stellen. All das macht viele Menschen ganz verrückt. Wir finden kaum noch Zeit zum Essen, geschweige denn, um in Ruhe ein Buch zu lesen oder ab und zu ein wenig allein und ungestört zu sein.

Doch wenn Sie sich trotz der täglichen Hektik einmal ein bisschen Zeit nehmen, sich in eine stille Ecke setzen und dieses Buch lesen, werden Sie begreifen, wie wichtig es ist, Zeit für sich selbst zu haben – und dann werden Sie auch lernen, wie man sie sich nimmt. Dieses Buch will

Ihnen keine zusätzliche Belastung in Ihrem bereits vor Terminen überquellenden Leben aufbürden. Im Gegenteil: Es will Ihnen zeigen, wie Sie sich von dieser Last befreien können – wie Sie die Knoten Ihres Lebens entwirren und Ihren Lebensweg ebnen können, sodass Ihnen alles leichter von der Hand geht. Vielleicht haben Sie momentan beim besten Willen nicht die innere Ruhe dazu, an das Wohl der Menschheit zu denken.

Versuchen Sie sich trotzdem einmal Folgendes klar zu machen: Wenn unsere Kultur sich weiterentwickeln soll, müssen wir alle lernen, uns jeden Tag ein bisschen Zeit für uns selbst zu nehmen und unser spirituelles Bewusstsein zu entwickeln. Einen Ort der Ruhe in unserem Leben zu finden ist ein Weg dazu.

Doch was die Menschheit dadurch gewinnt, ist gar nicht so wichtig. Am wichtigsten ist die Bereicherung, die Sie selbst in Ihrem täglichen Leben dadurch erfahren.

Sie brauchen Ihr Leben keineswegs von Grund auf zu ändern, um in den Genuss dieser positiven Wirkungen zu kommen. Schon ein paar kleine Dinge können vieles verändern.

Wenn Sie bis hierher gelesen haben, ist Ihnen bereits bewusst, dass Sie Ihr Leben langsamer angehen müssen. Und wenn Sie jetzt das Gefühl haben, unbedingt weiterlesen zu müssen, sind Sie sogar schon einen Schritt weiter: Denn dann haben Sie diese Notwendigkeit bereits akzeptiert. Dieses Buch wird Sie lehren, was Sie tun können, um das Wunder inneren Friedens in Ihr Leben zu bringen.

Was ist ein Ort der Ruhe?

Einen Ort der Ruhe können Sie überall und jederzeit finden oder sich selbst einrichten. Das kann ein Platz, ein Augenblick oder einfach nur ein Atemzug sein; eine Lebenseinstellung oder die Art, wie Sie den heutigen Tag angehen. Um das Wunder inneren Friedens in Ihr Leben zu bringen, brauchen Sie Ihre Perspektive nur ein ganz klein wenig zu verändern.

Ein Ort der Ruhe kommt nach dem Sturm. Stellen Sie sich einmal den Morgen nach einem Schneesturm vor: Ihre Welt liegt unter einer dicken weißen Schneedecke begraben. Mühsam bahnen Sie sich Ihren Weg in den Vorgarten; vielleicht kommen Ihnen jetzt die Auswirkungen dieses Schneesturms zu Bewusstsein: Solange die Straßen nicht geräumt sind, wird es keinen Verkehrslärm geben. Die meisten Menschen lächeln still vor sich hin und sind beeindruckt von der Schönheit dieser schneeweißen Welt; wahrscheinlich graut ihnen sogar insgeheim vor dem Augenblick, in dem die Schneeschaufeln zu lärmen beginnen werden. Vielleicht überlegen Sie sich jetzt all Ihre Schritte genauer als sonst. In dem Augenblick, in dem Sie akzeptiert haben, dass diese Naturgewalt stärker ist als Sie, denken Sie nicht mehr an morgen, sondern nur noch an Ihren nächsten Schritt. Denn Sie können Ihren Tag nicht so angehen wie gewohnt; Sie müssen alles neu überdenken. Ihre Perspektive verändert sich. Und damit befinden Sie sich schon an einem Ort der Ruhe.

Aber Sie brauchen nicht unbedingt solch ein dramatisches Naturschauspiel, um die Ruhe inneren Friedens zu finden. Sobald Sie diesen Zustand der Gnade einmal erfahren haben, können Sie lernen, ihn jederzeit selbst herbeizuführen. Das erfordert nur einen Entschluss und eine gewisse Ergebenheit. Trennen Sie sich von allem Gewohnten, lassen Sie alle Erwartungen hinter sich und seien Sie bereit, eine Welt zu betreten, in der alles möglich ist.

Achten Sie auf Ihre Atmung

Alles beginnt und endet mit der Atmung. Unsere Atemzüge sind die Basis jeder Meditation. Wenn Sie tief in sich hineinatmen und sich auf Ihrer Suche nach Stille von Ihren Atemzügen leiten lassen, entsteht ein Raum der inneren Ruhe.

Wenn ich mich darauf konzentriere, langsam und tief ein- und auszuatmen, verändert sich meine Perspektive automatisch, und ich heiße diese Ruhe, die mich dann tröstend umhüllt, in meinem Leben willkommen.

Die meisten Menschen atmen sehr flach. Normalerweise inhalieren wir die Luft nur bis in unseren Hals; wir atmen nicht so tief, dass der Sauerstoff alle Zellen unseres Körpers durchdringen könnte. Nehmen Sie sich einmal einen Moment Zeit und achten Sie darauf, wie Sie atmen. Sind Ihre Atemzüge ruhig und tief oder flach und gehetzt? Und wenn Sie das nächste Mal im Stress sind oder Angst haben oder aus irgendeinem anderen Grund unter Druck stehen, dann achten Sie wieder auf Ihre Atemzüge.

Sie werden feststellen, dass Ihre Atmung flacher ist als sonst – vielleicht halten Sie sogar den Atem an. Das ist eine sehr häufige Reaktion auf Stress. Denken Sie einmal darüber nach, wie sich das auf Ihre Gesundheit und Ihr Wohlbefinden auswirkt.

Und nun möchte ich Ihnen eine ganz einfache Übung vorschlagen. Atmen Sie durch die Nase ein und ziehen Sie die Luft in Ihren Brustkorb hinein: zuerst in den unteren, dann in den mittleren und schließlich in den oberen Teil.

Atmen Sie so tief ein, bis Ihr ganzer Brustkorb mit Luft gefüllt ist. Und dann atmen Sie langsam wieder aus – zuerst aus dem oberen, dann aus dem mittleren und schließlich aus dem unteren Teil Ihres Brustkorbs. Tun Sie das dreimal hintereinander, und zwar so langsam wie möglich. Diese ruhige, tiefe Atmung wird Ihr erster Schritt auf dem Weg zu innerem Frieden sein.

Wenn Sie jeden Tag ab und zu drei solcher tiefen Atemzüge tun – vor allem in Stresssituationen –, dann sind Sie auf dem besten Weg, Ihren Stress zu bekämpfen und Gelassenheit in Ihr Leben einkehren zu lassen. Es ist wirklich ganz einfach, Sie werden die positiven Auswirkungen sofort spüren.

Kümmern Sie sich um sich selbst

Da der Narzissmus in unserer Gesellschaft eine so große Rolle spielt, glauben viele Menschen, dass Eigenliebe etwas Negatives, Egoistisches sei. Doch damit tun wir uns selbst Unrecht. Es ist völlig in Ordnung, sich selbst zu lieben. Es ist sogar notwendig: Denn um einen anderen Menschen wirklich lieben zu können, müssen wir zunächst einmal uns selbst lieben. Also wollen wir unsere alten Vorurteile nun einmal beiseite schieben und daran glauben, dass Liebe stets etwas Gesundes, Positives ist – egal, in welche Richtung wir sie senden.

Wenn die Stewardess Sie im Flugzeug mit den Sicherheitsvorkehrungen für Notfälle vertraut macht, sagt sie ja schließlich auch, dass Sie zuerst einmal selbst Ihre Sauerstoffmaske aufsetzen sollen, ehe Sie kleinen Kindern dabei helfen. Man kann anderen Menschen viel besser helfen, wenn man zunächst einmal sich selbst hilft. Das Gleiche gilt auch für die Liebe: Lieben Sie zunächst einmal sich selbst. Nehmen Sie sich Zeit für sich und denken Sie daran, dass Sie das nicht nur für sich selbst, sondern auch für Ihre Mitmenschen tun. Wenn Sie sich einen Ort der Ruhe und Liebe in Ihrem Leben einrichten, dann ist das nicht nur ein guter Nährboden für Ihr eigenes Wohlbefinden, sondern auch für das Ihrer Familie.

Letzten Endes sehnen wir uns alle nach Liebe; doch um Liebe bekommen zu können, müssen wir zunächst einmal welche geben. Und um Liebe geben zu können, müssen wir erst einmal am eigenen Leib erfahren, was Liebe überhaupt ist. Das heißt, solange wir uns nicht liebevoll um uns selbst kümmern, haben wir auch anderen Menschen nichts zu geben. Die liebevolle Zuwendung, die wir uns selbst schenken, ist unser erster Schritt auf dem Weg zur Liebe.

Werden Sie zu dem Menschen, der Sie bereits sind

Wenn Sie Kinder haben oder sich viel mit Kindern beschäftigen, werden Sie feststellen, dass diese kleinen Geschöpfe ganz zufrieden damit sind, in ihrer eigenen Welt zu leben. Sie gehen völlig in ihrer momentanen Beschäftigung auf. Ob sie nun mit Bauklötzen spielen oder eine Burg aus Sand bauen: In dem Augenblick, in dem sie damit beschäftigt sind, brauchen sie nichts und niemanden. Sie fühlen sich rundum wohl, und manchmal sieht es so aus, als lebten sie in einer ganz anderen Welt.

Doch sobald wir erwachsen werden und Verantwortung in der Welt übernehmen, gewöhnen wir uns das normalerweise ab; die Aktivitäten unserer Kindheit gehören jetzt der Vergangenheit an, und wir richten unsere Aufmerksamkeit nach außen, auf andere Menschen und Dinge.

Doch wenn wir diese kindlichen Neigungen in unserem Inneren unterdrücken, geht uns auch das Gefühl des Staunens verloren, das damit so häufig verbunden war.

Unsere Kreativität führt nur noch ein Schattendasein, und wir fragen uns, warum unser Leben plötzlich so langweilig geworden ist. Aber das Kind in uns lebt nach wie vor weiter, und im Zustand inneren Friedens können wir es wieder entdecken. Dort können wir wieder mit unserem wahren Ich in Verbindung treten.

Gehen Sie einmal auf einen Spielplatz oder ein Fußballfeld und schauen Sie Kindern beim Spielen zu. Bieten Sie sich als Spielführer an – oder beobachten Sie die Kinder einfach bei ihrem Spiel und lassen Sie sich von ihnen zeigen, wie es ist, sich völlig frei und ungezwungen in der Welt zu bewegen. Bauen Sie mit den Nachbarskindern einen Schneemann oder liefern Sie sich mit ihnen eine übermütige Schneeballschlacht.

Lassen Sie sich von den Wellen des Ozeans treiben und genießen Sie dieses Gefühl der Freiheit. Rechen Sie im Herbst das Laub zu einem großen Haufen zusammen und wälzen Sie sich darin – einfach nur so zum

Spaß. Werden Sie lockerer. Lernen Sie, loszulassen und spontan zu sein; und dann nehmen Sie diese innere Haltung mit an Ihren Ort der Ruhe und pflegen Sie sie dort weiter. Sie werden sehen: Bald wird Ihr wahres Ich wieder zum Vorschein kommen, und Ihre innere Anspannung wird nachlassen.

Entdecken Sie Ihr wahres Ich

Die meisten Menschen erinnern sich gar nicht mehr daran, wie es als Kind war, ganz in einer Tätigkeit aufzugehen. Und selbst wenn wir uns noch daran erinnern, trauern wir dieser verlorenen Fähigkeit höchstens nach und glauben, dass uns diese Welt nun für immer und ewig verschlossen sei. Und dabei erfordert es nur eine gewisse innere Bereitschaft, unsere »erwachsene« Sichtweise der Dinge hinter uns zu lassen.

Nehmen Sie sich regelmäßig Zeit ganz für sich allein. Werden Sie sich darüber klar, wer Sie eigentlich sind – was Sie zum Lachen oder zum Weinen bringt. Befreien Sie sich von all den alten, verkrusteten Vorstellungen, in denen Sie bisher festgefahren waren. Lassen Sie sie einfach los. Werden Sie sich Ihrer Eigenarten bewusst. Und haben Sie den Mut, diejenigen beizubehalten, die Sie faszinieren.

Sobald Sie mehr Zeit mit sich allein verbringen, wird Ihre Weltsicht sich verändern. Sie werden sich und Ihren Platz in der Welt in einem ganz neuen Licht sehen. Längst vergessene Seiten Ihrer Persönlichkeit werden wieder an die Oberfläche steigen und zu neuem Leben erwachen. Sie werden intensiver leben als je zuvor – und das alles nur, weil Sie das Wunder inneren Friedens in Ihr Leben gebracht haben.

Haben Sie Vertrauen

Immer wenn Sie das Gefühl haben, festgefahren zu sein oder sich wieder einmal in halsbrecherischem Tempo durchs Leben zu bewegen, atmen Sie einfach. Wenn Sie vor einer wichtigen Entscheidung stehen, atmen Sie. Denn Ihre Atmung ist für Ihre emotionale und spirituelle Gesundheit von entscheidender Bedeutung. Immer wenn Sie nicht wissen, was Sie als Nächstes tun sollen oder wie Sie es tun sollen, atmen Sie einfach. Dann wird früher oder später eine Lösung vor Ihrem inneren Auge auftauchen. Natürlich ist früher uns lieber als später; aber meistens geschieht es eben leider später. Das ist das Schwierige daran; denn viele Menschen geben diesem Später niemals eine Chance. Und doch kommt dieses Später garantiert irgendwann. Also atmen Sie einfach. Und haben Sie Vertrauen.

So finden Sie Ihre innere Ruhe

Stress und innere Anspannung beeinträchtigen unsere Atmung. Häufig enden unsere Atemzüge bei unserem Zwerchfell. Durch diese Art des Atmens werden wir buchstäblich in zwei Hälften geteilt, denn dadurch erhält ein wichtiger Teil unseres Körpers keinen Sauerstoff.

Sie können das leicht korrigieren, indem Sie lernen, tief in Ihren Bauch hineinzuatmen und jede Faser Ihres Körpers mit Sauerstoff zu erfüllen. Beginnen Sie einfach mit den drei tiefen Atemzügen, die ich Ihnen bereits erklärt habe. Und zählen Sie jeden dieser Atemzüge beim Ausatmen mit. Konzentrieren Sie sich nur auf Ihre Atmung, auf nichts anderes.

Atmen Sie langsam und tief ein und füllen Sie Ihren ganzen Brustkorb mit Luft. Beim Ausatmen zählen Sie und ziehen die Zahl so sehr in die Länge, bis Sie die ganze verbrauchte Luft wieder ausgeatmet haben: e-e-e-i-i-i-n-n-n-s-s. Dann atmen Sie wieder langsam ein und zählen beim nächsten Ausatmen auf zwei. Und schließlich auf drei. Mehr brauchen Sie vorläufig nicht zu tun. Üben Sie das jeden Tag. Wenn Sie es schaffen, können Sie diese Atmung natürlich auch den ganzen Tag über praktizieren. Und während Sie dies lesen, vergessen Sie das Atmen nicht!

Denn solange Sie flach atmen, wehren Sie sich innerlich gegen Veränderungen, und dann werden Sie vielleicht nie mit der Suche nach dem Wunder inneren Friedens in Ihrem Leben beginnen. Also üben Sie, richtig zu atmen.

Sobald Sie das tun, werden Sie sich innerlich öffnen. Ihre ganze Welt wird sich öffnen. Und Sie werden überall Orte der Ruhe entdecken, wo früher gar nichts war. Sie werden Ihre Umgebung viel bewusster wahrnehmen. Ihre ganze Lebenseinstellung wird sich verändern. Also atmen Sie langsam und tief ein und aus.

Vielleicht werden Sie anfangs in Ihren Ruhepausen für nichts anderes Zeit haben, als das richtige Atmen zu üben. Das ist völlig in Ordnung. Es ist ein guter Anfang, und es gibt Ihnen ein Gefühl des inneren Friedens. Wenn Sie diesen ersten Schritt konsequent praktizieren, werden Sie bald für viel mehr Dinge Zeit finden. Also atmen Sie einfach.

Seien Sie kreativ

Wenn Sie nur noch selten kreativ sind oder diese Fähigkeit bei Ihnen im Laufe der Zeit vielleicht sogar völlig eingeschlafen ist, können Sie sie auf Ihrer Suche nach innerem Frieden wieder zum Leben erwecken. Sie müssen Ihre Kreativität nutzen und weiterentwickeln, sonst werden Sie Ihren Ort der Ruhe niemals finden, obwohl er vielleicht direkt vor Ihnen liegt. Sobald Ihre Kreativität ins Spiel kommt, wird sie sich auf alle Aspekte Ihrer Meditation auswirken.

Das entscheidende Wort dabei ist »Spiel«. Betrachten Sie den Ort der Ruhe als Ihren ganz persönlichen Spielplatz. Sie kennen sich selbst besser als jeder andere Mensch; Sie wissen, was für Sie am besten ist, was Sie anregt und inspiriert. Und sobald Sie spüren, dass Ihre Kreativität wieder erwacht, nähren und fördern Sie sie. Betrachten Sie die Meditation in Ihrer Ruhephase nicht als lästige Pflicht – etwas, das Sie tun müssen, um ein bestimmtes Ziel zu erreichen, selbst wenn dieses Ziel Freude und innere Harmonie ist. Versuchen Sie spielerisch an die Sache heranzugehen. Betrachten Sie das Ganze nicht als Arbeit, sondern als eine Ruhepause, die Ihrem Vergnügen dient. Und unterziehen Sie Ihre Gedanken dabei keiner Zensur. Lassen Sie Ihrer Fantasie einfach freien Lauf; erwecken Sie Ihre Kreativität aus ihrem Dornröschenschlaf. Wir alle besitzen kreative Fähigkeiten; und Ihre ganz persönliche Kreativität können Sie in der Ruhe inneren Friedens wieder entdecken.

Einen Raum des Friedens habe ich im Traum entdeckt. Die Zeit kurz vor dem Einschlafen, nach dem Aufwachen und während des Schlafs ist für mich ein Ort der Ruhe, in dem ich meine kreativsten Ideen habe. Denn dann bin ich entspannt und innerlich offen genug, um auf die Eingebungen meiner rechten Gehirnhälfte zu hören.

Gehen Sie die Sache langsam und gemächlich an. Lassen Sie einfach los und haben Sie Vertrauen zu sich selbst, dann werden Sie lernen, Ihre eigene Kreativität wieder zu entdecken.

Morgenstund hat Gold im Mund

Der frühe Morgen ist eine wunderbare Zeit, um mit der Suche nach dem Wunder inneren Friedens zu beginnen. Stehen Sie eine Viertelstunde oder eine halbe Stunde früher auf als sonst; dann haben Sie jede Menge Zeit für Ihre Entdeckungsreise. Vor allen anderen Menschen wach zu sein, gibt Ihrem Tag eine ganz neue, friedvolle Dimension. Schon diese kleine Veränderung Ihres normalen Tagesablaufs lässt Sie alles aus einer neuen Perspektive sehen. Also versuchen Sie einmal eine Woche lang zeitig aufzustehen. So können Sie feststellen, ob der frühe Morgen als Raum des Friedens der richtige Zeitpunkt für Sie ist.

Wenn Sie ein solcher Morgenmensch werden, werden die Freuden, die diese Tageszeit zu bieten hat, bald in Ihr Bewusstsein dringen. Am frühen Morgen klingt alles ganz anders, und Licht und Schatten liefern ein einmaliges Schauspiel. Alles ist anders – nicht nur drinnen, sondern auch draußen. Die Geräusche der Menschen sind jetzt noch ganz leise und gedämpft, denn um diese Tageszeit gehört die Welt anderen Lebewesen. Wenn Sie einen Spaziergang rund um den Häuserblock machen, hören Sie das morgendliche Gezwitscher der Vögel. Im nahe gelegenen Park streicht der Wind durch die Baumwipfel. Setzen Sie sich ans Ufer eines Flusses oder Sees und lauschen Sie dem Rauschen des Wassers. Wenn Sie die beruhigende Stille des frühen Morgens einatmen, werden Sie Ihren Tag mit ganz neuer Gelassenheit beginnen.

Verabreden Sie sich mit sich selbst

Obwohl unsere Tage meist restlos verplant und ausgefüllt sind, schaffen wir es trotzdem immer irgendwie, noch einen Termin darin unterzubringen: eine Besprechung mit unserem Chef oder einem wichtigen Kunden, ein Gespräch mit der Lehrerin oder Betreuerin unseres Kindes, ein Mittag- oder Abendessen mit unserem besten Freund. Irgendwie gelingt es uns, das alles zu bewältigen, während eine unzufriedene Stimme in unserem Hinterkopf uns gleichzeitig einredet, dass wir eigentlich noch viel mehr erledigen sollten.

Versuchen Sie zur Abwechslung doch einmal, auch sich selbst in Ihrem Alltag unterzubringen. Betrachten Sie diese Verabredung mit sich selbst als Ihren wichtigsten Termin und sagen Sie sie nur im allerdringendsten Notfall ab. Am besten, Sie tragen sie in Ihren Terminkalender ein. Aber wählen Sie dafür nicht gerade den ungünstigsten Zeitpunkt. Denn wenn Sie diese wichtigste Verabredung Ihres Tages versäumen, wird Sie das nur entmutigen und Ihr Ziel der Gelassenheit in immer weitere Ferne rücken. Eine gewisse Zeit Ihres Tages sollte für Sie selbst vorbehalten sein, und diese Zeit ist Ihr wichtigster Termin.

Sich Zeit für sich selbst zu nehmen ist ein Akt der Lebensbejahung. Daraus werden Sie lernen, dass alles möglich ist, wenn Sie dem Wunder inneren Friedens konsequent entgegengehen. Denn das ist erst der Anfang.

Der richtige Ort, um zur Ruhe zu kommen

Manche Orte haben eine erstaunliche Wirkung auf uns. Sicher sind sich alle Menschen darüber einig, dass der Grand Canyon ein wunderbarer Ort ist, um einfach dazusitzen und sich in ehrfürchtigem Schweigen der Schönheit der Natur hinzugeben. Es gibt nicht viele so atemberaubende Naturschauspiele wie den Grand Canyon; doch auch unsere nähere Umgebung beeinflusst unsere Stimmung, auch wenn sie vielleicht nicht so eindrucksvoll ist.

Also richten Sie sich einen Ort der Ruhe dort ein, wo ein Gefühl des Friedens in Ihnen entsteht.

Falls Sie das Glück haben sollten, zu Hause ein Zimmer ganz für sich allein zu haben, machen Sie diesen Raum zu Ihrem Ort der Ruhe. Aber Sie können auch einen Teil eines anderen Zimmers (Esszimmer,

Schlafzimmer oder Arbeitsraum) zu Ihrer ganz persönlichen Wohlfühlecke umfunktionieren.

Weihen Sie Ihre Familie ruhig in Ihren Plan ein. Vielleicht machen Ihr Partner und Ihre Kinder sogar gern ein stilles Eckchen für Sie frei, wenn Sie merken, wie positiv sich das auf Sie auswirkt. Noch besser ist es natürlich, wenn jedes Familienmitglied sich einen solchen Ort der Ruhe einrichtet und Sie gemeinsam eine Tageszeit festlegen, an der sich jeder dorthin zurückzieht.

Falls Sie zu Hause kein ruhiges, ungestörtes Plätzchen finden können, gibt es auch noch andere Möglichkeiten. Setzen Sie sich in der Kirche in eine der hintersten Reihen, wenn gerade kein Gottesdienst stattfindet; das kann ein wunderbarer Ort der Stille sein.

Gehen Sie einfach einmal vor der Arbeit, in der Mittagspause oder nach Feierabend in eine Kirche oder Synagoge, einen Tempel oder eine Moschee und versuchen Sie herauszufinden, ob Ihr Ort des Friedens vielleicht dort auf Sie wartet.

Es muss nicht unbedingt immer dieselbe Stelle sein. Aber in Zeiten, in denen Sie dringend ein bisschen Ruhe brauchen und keine Energie haben, um lange zu suchen, ist es gut, einen angestammten Platz zu haben, an den Sie sich zurückziehen können. Sobald Sie ein bisschen mehr Übung haben, werden Sie fast überall einen Ort der Ruhe finden, denn dann wird dieser Ort des Friedens in Ihnen selbst sein.

Bleiben Sie standhaft

Sicherlich werden Sie bei der Suche nach dem Wunder inneren Friedens hin und wieder mit dem Kopf gegen eine Mauer rennen. Das ist die Mauer Ihres Vermeidungsverhaltens. Dieser innere Widerstand scheint aus dem Nichts heraus zu kommen, und er ist äußerst hartnäckig. Er wird Ihnen einzureden versuchen, dass das eine alberne Idee ist, dass Sie keine Zeit für solchen Unsinn haben (schließlich haben Sie Wichtigeres zu tun), dass Sie das Ganze doch auch auf morgen verschieben können und so weiter.

Es ist völlig normal, mit dem Kopf gegen diese Mauer zu rennen. Auch wenn Sie überzeugt davon sind, dass Sie inneren Frieden brauchen, um Ihr Leben wieder ins Gleichgewicht zu bringen, wird es Sie schon eine Menge Ausdauer und Entschlossenheit kosten, die dafür nötige Ruhe auch tatsächlich zu finden und konsequent daran festzuhalten. Versuchen Sie nicht auf die negative Stimme in Ihrem Inneren zu hören, die Sie davon abbringen will. Aber wundern Sie sich auch nicht über diese Stimme. Akzeptieren Sie sie einfach. Es kommt nur darauf an, sich dadurch nicht in Ihrer Suche beirren zu lassen. Dann werden diese negativen Gedanken sich bald legen, und stattdessen werden Sie eine positive, ermutigende Stimme hören, die Ihnen zuflüstert, dass Sie auf dem richtigen Weg sind.

Mittagspause

Vielleicht gehören Sie auch zu den Menschen, die ihr Mittagessen hastig am Schreibtisch hinunterschlingen oder ganz darauf verzichten. Und dabei ist die Mittagspause der ideale Zeitpunkt in Ihrem Leben, um zur Ruhe zu kommen. Selbst wenn Sie einen despotischen Chef haben (oder Ihr eigener despotischer Chef sind): Niemand kann Ihnen verbieten, sich Zeit zum Essen zu nehmen. Sie sollten niemals aus Zeitmangel aufs Essen verzichten. Und nicht nur das: Sie sollten sich auch genügend Zeit fürs Essen und Ihren inneren Frieden nehmen.

Wenn Sie wirklich total im Stress sind, kann das Mittagessen selbst als Ruhepause dienen. Die meisten Menschen reden, lesen oder arbeiten während des Mittagessens. Sie schlingen einfach gedankenlos irgendetwas in sich hinein und schenken der Aktivität des Essens gar keine

Aufmerksamkeit. Ein Ort der Ruhe in Ihrem Leben könnte darin bestehen, Ihre Bürotür hinter sich zu schließen, das Radio auszuschalten, das Telefon auszuhängen und sich ganz einfach dem Ritual des Essens zu widmen. Tun Sie dabei nichts anderes. Essen Sie einfach nur. Konzentrieren Sie sich auf das Essen und seinen Geschmack; kauen Sie langsam und bedächtig und genießen Sie jeden Bissen. Dieser beglückende Winkel des Friedens, der uns allen offen steht, kann Ihnen ein tiefes Gefühl der Entspannung und Zufriedenheit schenken.

Falls Sie in der Mittagspause mehr Zeit haben sollten, als Sie zum Essen brauchen, können Sie sich noch einen zweiten Ort der Ruhe schaffen. Entweder Sie sitzen nach dem Essen einfach still in Ihrem Büro und entspannen sich, oder Sie gehen in eine Kirche oder einen nahe gelegenen Park und nehmen Ihr Mittagessen mit. Sie können auch jeden Tag einen anderen Spaziergang machen und auf diese Weise allmählich die nähere Umgebung Ihres Büros erkunden. Egal, wo Sie am Ende ankommen: Denken Sie daran, langsam und tief ein- und auszuatmen – vor allem, wenn Sie den Raum des Friedens gefunden haben.

Wie reagieren Sie auf Ihre Umgebung?

Auf der Suche nach dem Wunder inneren Friedens wird Ihre Welt sich allmählich immer weiter ausdehnen, und Sie werden Dinge wahrnehmen, die Ihnen vorher noch gar nicht aufgefallen sind: zum Beispiel das kleine Wiesenstück an der Ecke, auf dem bunte Blumen blühen, oder die morgendlichen Kirchenglocken. All das dringt jetzt vielleicht zum ersten Mal in Ihr Bewusstsein.

Welches Ihrer Sinnesorgane ist am sensibelsten? Gehen laute Geräusche Ihnen auf die Nerven und können Sie sich dabei nicht konzentrieren? Spüren Sie, wie Ihr ganzer Körper sich sofort entspannt, wenn Sie am Strand liegen und das Rauschen des Meeres hören? Wenn ja, dann suchen Sie nach einem besonders ruhigen Ort. Steigt Ihnen der Duft eines Parfüms sofort in die Nase? Oder melden Sie sich gern freiwillig zum Rasenmähen, nur um den Duft des frisch gemähten Grases aus allernächster Nähe genießen zu können?

Solche Vorlieben können Ihnen bei der Suche nach einem Ort des Friedens wertvolle Anhaltspunkte liefern. Vielleicht gibt es in Ihrem Stadtpark ein Rosenbeet, in dessen Nähe Sie sich setzen können, um Ihren Augen und Ihrer Nase ein ganz besonderes Erlebnis zu gönnen. Wenn Sie schon als Kind eine Vorliebe für die ruhige Atmosphäre der Schulbücherei hatten, sollten Sie sich vielleicht einmal in den Lesesaal der Stadtbibliothek setzen, um ein paar Augenblicke der Stille zu erleben. Schaffen Sie sich die Umgebung, die zu Ihnen passt, und achten Sie auf Details, die Ihre Sinne ansprechen.

Es gibt Tageszeiten, die fast jedem Ort eine Atmosphäre der Heiligkeit verleihen. In solch einem Fall ist nicht der Ort, sondern der Zeitpunkt das Besondere, um in sich zu ruhen. Ein Sonnenaufgang oder -untergang kann zum Beispiel eine unvergleichliche Atmosphäre schaffen. Selbst schöne Orte nehmen einen in bestimmten Augenblicken noch mehr gefangen als sonst. Suchen Sie nach diesem magischen Zusammentreffen der richtigen Zeit und des richtigen Orts.

Wenn Sie Ihre Umgebung genau beobachten und eine gesteigerte Sensibilität für Ihre Reaktionen auf bestimmte Reize entwickeln, werden sich Ihnen unendlich viele Nischen des Friedens eröffnen. Bleiben Sie innerlich wach und bewusst, dann wird Ihr Horizont sich immer mehr erweitern. Und je mehr Sie sich innerlich öffnen, umso offener wird auch Ihre Welt.

Den richtigen Zeitpunkt finden

Um Zeit für Ihre Suche nach innerem Frieden finden zu können, müssen Sie nur das Bedürfnis danach haben. Doch wenn Sie sich diese Zeit nicht nehmen, wird Ihre Suche genauso enden wie viele andere gute Ideen: Es bleibt beim guten Vorsatz. Früher waren ungefähr 25 Prozent meines Gedächtnisses mit solchen guten Vorsätzen angefüllt – lauter kreativen Ideen, die darauf warteten, in die Tat umgesetzt zu werden. Doch nun, da ich immer öfter in mir ruhe (ein Ziel, nach dem ich mich intensiv genug gesehnt habe, um es auch tatsächlich zu verwirklichen), lasse ich all diese alten Ideen wieder an meinem inneren Auge vorüberziehen. Von einigen verabschiede ich mich, andere erwecke ich wieder zum Leben. Das Verweilen in der Ruhe inneren Friedens ist für mich eine Art Großreinemachen für mein voll gestopftes Gehirn.

Wenn Sie wirklich das Bedürfnis haben, zur Ruhe zu kommen, werden Sie auch die nötige Zeit dafür finden: zehn Minuten hier, zwanzig Minuten dort. Und sobald Sie wieder mit Ihrem eigenen Inneren in Kontakt treten und Ordnung in Ihre Gedanken bringen, werden Sie anfangen, sich auf diese Viertelstunde nach Feierabend zu freuen, die Sie für sich selbst reserviert haben. Und dann werden Sie garantiert immer mehr freie Zeiträume finden, die nur darauf warten, sinnvoll ausgefüllt zu werden.

Binsenweisheiten setzen sich nur deshalb durch, weil eben doch ein Fünkchen Wahrheit in ihnen steckt. Die Binsenweisheit, die mir zu diesem Thema einfällt, lautet: »Wo ein Wille ist, ist auch ein Weg.« Man könnte es auch ein wenig abwandeln: »Wo ein Bedürfnis nach Frieden ist, ist auch Zeit, zur Ruhe zu kommen.«

Alleinsein kann ein Geschenk sein

Wenn Sie es nicht gewöhnt sind, allein zu sein, werden Sie sich vielleicht erst einmal an diesen Gedanken und diese Erfahrung gewöhnen müssen. Doch Alleinsein muss nicht unbedingt gleichbedeutend mit Einsamkeit sein.

Im Gegenteil: Wenn Sie lernen, diese Zeit richtig zu nutzen, kann sie zu einem äußerst bereichernden, beglückenden Erlebnis werden, und dann wird das Alleinsein gar kein Problem mehr für Sie sein. Sie werden so in dem aufgehen, was Sie gerade tun, dass die Außenwelt für Sie gar nicht mehr existiert. Aller äußere Druck, der auf Ihnen lastet, wird von Ihnen abfallen; alle Anforderungen, die Sie selbst und andere Menschen an Sie stellen, werden sich in nichts auflösen. Und wenn Sie dann anschließend aus Ihrem Ort der Ruhe in die Welt zurückkehren, werden

Sie Ihre Mitmenschen wieder mehr zu schätzen wissen und ihnen mehr Liebe entgegenbringen.

Vielleicht schreckt Sie der Gedanke ans Alleinsein. Vielleicht haben Sie nur traurige Erinnerungen an Zeiten, in denen Sie allein waren, weil Sie sich damals einsam fühlten. Oder vielleicht gehören Sie auch zu den Leuten, die am liebsten immer viele Menschen um sich haben und, wenn sie doch einmal allein sind, sofort den Fernseher oder das Radio einschalten. Wenn das so ist, denken Sie daran, dass die Abgeschiedenheit in der Stille Sie nicht von Ihren Mitmenschen trennt, sondern Sie ihnen näher bringt. Dann werden Sie die Vorstellung, allein zu Ihrem inneren Frieden zu finden, anfangs vielleicht eher akzeptieren können. Und mit der Zeit werden Sie sich daran gewöhnen, und Ihr innerer Widerstand wird sich allmählich legen.

Am Ende des Tages

Sie können sich auch in ein stilles Eckchen zurückziehen, nachdem Sie die Kinder ins Bett gebracht und Ihre Vorbereitungen für den nächsten Tag getroffen haben. Auch diese Zeit nach Feierabend, wenn Ihre Welt keine Anforderungen mehr an Sie stellt, ist ein wunderbarer Zeitpunkt, um Ruhe und Gelassenheit in Ihr Leben einkehren zu lassen. Auch diese Tageszeit hat eine ganz besondere Atmosphäre, die Sie auskosten können, wenn Sie sich angewöhnen, ein bisschen später ins Bett zu gehen.

Am späten Abend beruhigt sich die Energie, die tagsüber in der Luft lag. Jetzt senkt sich eine einmalige Stille über die Welt. Sie brauchen diese Atmosphäre der Stille nicht künstlich zu erschaffen. Sie wartet bereits auf Sie. Sie brauchen sie nur zu nutzen. Selbst wenn Ihre Energie am Abend nur noch für ein paar Minuten des Abschaltens ausreicht, genügt das schon. Sitzen Sie einfach still und lassen Sie den Tag noch einmal an Ihrem inneren Auge vorüberziehen. Atmen Sie die herrliche Ruhe ein, die Sie umgibt. Denken Sie dabei an gar nichts. Atmen Sie einfach nur. Und lösen Sie sich von allem Zorn, allem Ärger, den Sie an diesem Tag vielleicht empfunden haben. Geben Sie nicht sich selbst oder anderen Menschen die Schuld an Ihren Problemen; nehmen Sie sich einfach vor, morgen alles besser zu machen. Jetzt ist es an der Zeit, zu sich selbst zu finden. Geben Sie sich einfach dem Wunder dieser alles erfüllenden Ruhe hin.

Es ist Ihr Leben

Manche Leute glauben, dass sie, wenn sie dieses Leben verpfuschen, in ihrer nächsten Existenz eine Chance bekämen, alles wieder gutzumachen. Andere glauben, dass wir nur ein einziges Leben hätten und dass es keine zweite Chance gäbe. Wieder andere sind davon überzeugt, dass wir im Jenseits für unsere Taten in diesem Leben belohnt oder bestraft würden. Wie auch immer Sie sich Ihre Zukunft vorstellen – wahrscheinlich sind Sie in einem Punkt mit mir einig: Das Einzige, dessen Sie sich hundertprozentig sicher sein können, ist der jetzige Augenblick. Dieser Augenblick ist das Einzige, was wir haben!

Da stehen Sie also: in diesem Leben – in Ihrem Leben – im Jetzt und Hier. Warum machen Sie nicht das Beste daraus? Wenn Sie sich jetzt und hier etwas Gutes tun, wirkt sich das nicht nur auf Sie selbst, sondern auch auf die Menschen in Ihrer Umgebung positiv aus. Und wenn dieses angenehme Gefühl über den jetzigen Augenblick hinaus anhält – umso besser! Der innere Friede ist der ideale Nährboden für die angenehmen Dinge im Leben. Diese Früchte können Sie jetzt oder später ernten – ganz wie Sie möchten.

Wenn Sie sowieso schon zu oft allein sind …

Nur ein schmaler Grat trennt das Alleinsein von Einsamkeit und Isolation. Der Unterschied liegt in der Qualität der Zeit, die man allein verbringt. Wir sind gesellige Wesen. Wir brauchen die Gesellschaft anderer Menschen. Zu viel allein zu sein kann ungesund sein, vor allem, wenn wir über unser Alleinsein nachgrübeln. Doch auch wenn man niemals einen Augenblick für sich allein hat, kann man sich bedrückend einsam fühlen.

Wir müssen also bei unserer Entscheidung, wann wir uns an unseren Ort der Ruhe zurückziehen und wie viel Zeit wir dort verbringen, den goldenen Mittelweg wählen. Isolieren Sie sich nicht von der Welt! Wenn Sie sich isoliert fühlen, sollten Sie sich vielleicht Zeit nehmen, über diesen Zustand nachzudenken und etwas daran zu ändern. Nutzen Sie die

Zeit, die Sie mit sich allein verbringen, um nach kreativen Lösungen für Ihr Problem des Alleinseins zu suchen. Dann wird diese Zeit eine ganz neue Qualität für Sie bekommen. Denn dann werden Sie sich immer weniger einsam fühlen und diese stillen, ungestörten Augenblicke mehr zu schätzen wissen als je zuvor. Dann werden Sie Ihre Zeit auch effektiver nutzen und den schmalen Grat zwischen Einsamkeit und innerer Harmonie überschreiten.

Verzögerungstaktiken

Viele Menschen geben sich ungeheure Mühe, bestimmte Dinge zu vermeiden oder hinauszuzögern. Das erzeugt viel Stress und innere Anspannung. Denn wenn Sie etwas hinauszögern, machen Sie sich dabei wahrscheinlich gleichzeitig Gedanken über die Zeit, die Sie dabei vergeuden. Vielleicht ist diese Zeitverschwendung in Wirklichkeit gar nicht so groß; aber schon allein der Gedanke daran erfüllt Sie mit einer ständigen inneren Unruhe.

Unsere moderne Gesellschaft bewegt sich in einem so fieberhaften Tempo durchs Leben, dass Beschäftigtsein das Einzige ist, was heutzutage überhaupt noch zu zählen scheint. Man darf keine Zeit verschwenden – schließlich ist jede Minute kostbar. Dank dieser Einstellung stürzen sich viele Menschen pausenlos in hektische Aktivität. Sie sind in einer Tretmühle gefangen, die ihnen ihre letzte Kraft raubt und doch nirgendwohin führt.

Wenn Sie sich Gedanken darüber machen, dass Sie Ihre Zeit verschwenden, oder das Gefühl haben, sich ständig abzuhetzen und dabei doch nichts Rechtes zustande zu bringen, dann halten Sie einmal einen Augenblick inne, atmen Sie tief durch und machen Sie eine innere Bestandsaufnahme. Versuchen Sie gerade etwas Wichtiges hinauszuzögern oder denken Sie nur darüber nach, wie Sie es angehen sollen? Eine gewisse Zeit des Nachdenkens ist notwendig, ehe man ein Projekt in Angriff nimmt. Beobachten Sie Ihr Verhalten während dieser Bedenkzeit einmal genau und versuchen Sie sich klar zu machen, wie viel von dieser Zeit Sie wirklich konstruktiv nutzen und wie viel Sie vergeuden. Und dann tun Sie das, was Sie tun müssen, und nutzen Sie die Zeit und die Kraft der Stille, um darüber nachzudenken.

Vielleicht werden Sie anfangs ein schlechtes Gewissen haben, wenn Sie nach einem Ort der Ruhe in Ihrem Leben suchen. Vielleicht sagt Ihre innere Stimme Ihnen, dass Sie in dieser Zeit doch eigentlich etwas Sinnvolles *tun* könnten. Warum nutzen Sie die Zeit nicht für etwas

Konstruktives, da Sie sie nun schon einmal erübrigt haben? Warum sollten Sie sie damit vergeuden, einfach nur stillzusitzen? Wenn Sie ein sehr beschäftigter, zielstrebiger Mensch sind – und sind wir das nicht alle bis zu einem gewissen Grad? –, werden Sie wahrscheinlich jedes Mal mit diesem inneren Widerstand zu kämpfen haben, wenn Sie sich in eine stille Ecke zurückziehen. Selbst wenn Sie diese Ecke schon vor einiger Zeit entdeckt und sich bereits in der Kunst des Stillseins geübt haben, verfolgt Sie vielleicht immer noch der Gedanke, dass Sie damit doch eigentlich nur Ihre Zeit verschwenden. Lassen Sie sich dadurch nicht beirren. Denken Sie daran, dass wir durch unsere Erziehung und unsere Kultur quasi auf diese Denkweise »geeicht« sind und dass es einige Zeit und Mühe kosten wird, diese Denkmuster zu verändern. Doch sobald Sie feststellen, wie positiv Ihr Leben sich durch Ihre innere Ruhe verändert hat, können Sie sich all diese Vorteile immer wieder ins Gedächtnis rufen, wenn Ihre negative innere Stimme Ihnen wieder einmal Ihre Zeitverschwendung vorwirft.

Zeit investieren, Zeit sparen

Unsere Gesellschaft ist förmlich besessen vom Thema Zeit – ständig reden wir davon, wie viel oder wie wenig Zeit wir haben. Außerdem geben wir uns der Illusion hin, dass wir es selbst in der Hand hätten, ob wir unsere Zeit in etwas investieren oder sparen. Aber die Zeit wartet nicht auf uns. Die Zeit *ist* einfach – unabhängig von unserer Existenz, unabhängig davon, ob wir auf sie achten oder nicht.

Wenn Sie also vorhaben, nach dem Wunder inneren Friedens in Ihrem Leben zu suchen, dann achten Sie nicht auf Ihre innere Stimme, die Ihnen einredet, dass Sie keine Zeit dazu hätten. Und sobald Sie in Ihrem durchorganisierten Leben ein wenig Freiraum für dieses Vorhaben geschaffen haben, lassen Sie sich nicht zu dem Gedanken verleiten, dass das bereits genüge. Denn wenn Sie diese Zeit nicht auch regelmäßig nutzen, wird sie sich im Handumdrehen wieder verflüchtigen. Das heißt, Sie müssen sich diesen Freiraum immer wieder aufs Neue erkämpfen. Anfangs wird Ihnen das wie eine Sisyphusarbeit vorkommen, doch allmählich werden Sie merken, dass Sie eigentlich gar nicht die Zeit unter Ihre Kontrolle bringen müssen, sondern Ihre Einstellung dazu. Diese Einstellung müssen Sie ändern.

Und sobald Sie sich eingestehen, dass Ihre Einstellung zurzeit Ihrem inneren Wachstum im Weg steht, wird Ihnen klar werden, dass diese negative Einstellung sich auch auf viele andere Bereiche Ihres Lebens erstreckt. Es hängt einzig und allein von Ihrer Perspektive ab, ob Sie neue Ereignisse und Erfahrungen als Hindernis oder Chance betrachten. Überlegen Sie sich einmal, welche Assoziationen der Gedanke an eine Zeit der Ruhe und Abgeschiedenheit im Kloster in Ihnen weckt. Stehen Ihnen dabei vor Grausen die Haare zu Berge? Kommt Ihnen das wie Einzelhaft vor? Oder betrachten Sie es eher als Gelegenheit, Ihr eigenes Inneres zu erforschen? Und wie steht es mit dem Fasten? Ist das für Sie eher ein Synonym für »Hungerkur« oder eine Möglichkeit, Ihren Körper zu reinigen? Unterziehen Sie Ihre Lebenseinstellungen nacheinander einer kritischen Prüfung und arbeiten Sie zuerst an Ihrer Einstellung zur Zeit. Denn sobald Sie diese Einstellung geändert haben und sich immer öfter in die Abgeschiedenheit der Stille zurückziehen, können Sie während dieser Meditationssitzungen auch über Ihre übrigen Lebenseinstellungen nachdenken und sich überlegen, ob sie Ihrer Entwicklung förderlich sind oder nicht.

Unvergessliche Augenblicke

Welche Erinnerungen sind in Ihrem Gedächtnis gespeichert? Höchstwahrscheinlich sind es Ereignisse, die aus irgendeinem Grund eine besondere Bedeutung für Ihr Leben hatten.

Ihre ganz normalen Alltagserlebnisse legen Sie vermutlich nicht in Ihrem Langzeitgedächtnis ab. Vielleicht erinnern Sie sich noch genau an besondere Erfolge, die Sie in Ihrem Leben erzielt haben: Prüfungen, Preisverleihungen, das Drei zu Null gegen die gegnerische Fußballmannschaft und so weiter.

Auch die Auslandsreise oder der Campingurlaub mit Ihrem Partner hat vielleicht immer noch einen besonderen Platz in Ihrer Erinnerung und in Ihrem Herzen.

Und sicherlich sind in Ihrem Gedächtnis auch einige tragische und traumatische Ereignisse gespeichert – ein gebrochenes Herz, der Tod eines geliebten Menschen. Manche dieser Erinnerungen tun weh; doch jedes dieser Erlebnisse hat Ihr Leben irgendwie verändert, und Sie haben daraus etwas über sich und Ihre Welt gelernt.

Auch die Zeit, die Sie an Ihrem Ort der Ruhe verbringen, wird wahrscheinlich so große Bedeutung für Sie gewinnen, dass Sie sich noch Jahre später daran erinnern werden.

Diese Zeit wird etwas ganz Besonderes für Sie sein; denn sobald Sie lernen, sie sinnvoll zu nutzen, wird sie Ihnen wertvolle Informationen über Ihr eigenes Ich liefern, die Ihnen in Ihrem täglichen Leben weiterhelfen können.

Sie werden sich selbst – Ihre guten und Ihre schlechten Seiten – so klar erkennen wie nie zuvor und dabei wichtige Dinge lernen, die es wert sind, in Ihrem Gedächtnis abgespeichert zu werden.

Vielleicht bringen Sie dabei auch ein bisschen Ordnung in Ihr Innenleben, schließen Frieden mit vergangenen Ereignissen, die Sie lange Zeit verfolgt haben, und löschen Erinnerungen aus Ihrem Gedächtnis, die ihren Zweck inzwischen erfüllt haben. Wenn Sie jeden Tag ein bisschen Zeit erübrigen, um in sich zu ruhen, werden Sie dabei garantiert immer etwas Erinnernswertes erleben.

Atmen Sie

Wahrscheinlich haben Sie inzwischen begonnen, regelmäßig bewusst zu atmen, und sich auch schon ein oder zwei Orte der Ruhe und des Friedens in Ihrem Leben eingerichtet. Jetzt können Sie Ihre Atemübungen ein wenig erweitern.

Sobald Sie sich an Ihrem ausgewählten Ort niedergelassen haben, nehmen Sie eine bequeme, entspannte Position ein. Sie können sich aufrecht auf einen Stuhl oder auf ein Bodenkissen setzen. Wichtig ist dabei nur, die Wirbelsäule gerade zu halten, damit Ihr Atem frei, natürlich und ungehindert fließen kann. Ob Sie nun auf einem Stuhl oder auf dem Boden sitzen: Es ist auf jeden Fall empfehlenswert, ein kleines Kissen unters Gesäß zu schieben, sodass Sie das Gefühl haben, als neige Ihr Körper sich leicht nach vorn. Das hilft Ihnen, gerade zu sitzen, und wenn Sie sich erst einmal an diese Haltung gewöhnt haben, wird sie Ihnen bequemer vorkommen als Ihre normale Sitzposition.

Sobald Sie ganz bequem und entspannt dasitzen, beginnen Sie sich auf Ihre Atmung zu konzentrieren. Atmen Sie langsam und tief ein und aus, wie Sie es auch bisher schon getan haben. Zählen Sie bei jedem Ausatmen Ihre Atemzüge, bis Sie beim zehnten Atemzug angelangt sind. Dann beginnen Sie von vorn und zählen wieder bis zehn – und so weiter. Sie können auch jedes Einatmen mitzählen, falls Ihnen das leichter fällt, und dann ebenfalls wieder von vorn beginnen, sobald Sie bei zehn angelangt sind. Dehnen Sie diese Atemübung von Mal zu Mal ein bisschen länger aus. Falls Sie sich dabei verzählen sollten, fangen Sie einfach wieder bei eins an. Auch wenn Sie feststellen, dass Ihre Gedanken abschweifen und Sie immer weiter zählen, statt bei zehn aufzuhören und wieder von vorn zu beginnen: Brechen Sie ab und beginnen Sie wieder bei eins.

Anfangs wird Ihr rastloser Geist sich dagegen wehren. Doch wenn Sie immer weiter üben, wird er seinen Widerstand allmählich aufgeben und sich an diese langsamen, gleichmäßigen Atemzüge gewöhnen. Sie werden die positiven Wirkungen dieser Atemübung sofort spüren. Und wenn Sie erst einmal so weit sind, dass Sie zehn, zwanzig oder dreißig Minuten lang still sitzen und sich auf diese Art des Atmens konzentrieren können, werden die positiven Wirkungen sich vervielfachen. Sie werden eine innere Ruhe finden, die Sie nie für möglich gehalten hätten. Der Lärm Ihrer Gedanken, der anfangs alles andere übertönte, wird allmählich verebben; und Sie werden sich als ruhigeren, gelasseneren Menschen neu entdecken.

So überwinden Sie Ihre Angst

Vermutlich wird der Gedanke, ganz allein zu sein, Ihnen anfangs Unbehagen einflößen. Wenn Sie es gewohnt sind, ein hektisches Leben zu führen und ständig in Bewegung zu sein, ist es ganz normal, den Boden unter den Füßen zu verlieren, wenn all diese Hektik um Sie herum nun plötzlich zum Stillstand kommt.

Schließlich würde es Ihnen ja auch Angst machen, aus einem fahrenden Zug zu springen. Unsere Gedanken können unser schlimmster Feind sein.

Die beste Lösung für dieses Problem besteht darin, langsam und tief durchzuatmen. Bewusstes Atmen ist ein wahres Wundermittel, das sofort wirkt und uns den Mut verleiht, unseren Weg weiterzugehen. Es lindert unsere Ängste und kann einen ganz neuen Menschen aus uns machen. Deshalb sollten wir eigentlich nie wieder etwas als selbstverständlich betrachten – nicht einmal unsere Atemzüge.

Wenn Sie also bei dem Gedanken an die Abgeschiedenheit in der Stille in Panik geraten, konzentrieren Sie sich einfach auf Ihre Atmung. Dann werden Sie den Mut finden, den nächsten Schritt zu tun. Atmen Sie – atmen Sie – atmen Sie.

Innere Widerstände

Der Mülleimer quillt fast über. Die Krallen Ihrer Katze sind schon wieder zu lang. Wenn Sie die Tür zum Wandschrank aufmachen, kommt Ihnen alles entgegen, und auch der Brief an Tante Marie ist längst überfällig. All diese banalen Anforderungen des täglichen Lebens werden Sie vielleicht überfallen, sobald Sie Ihren Ort der Ruhe aufsuchen oder auch nur daran denken. Wundern Sie sich nicht darüber. Auf Schritt und Tritt lauern Ablenkungen, die Ihnen oft viel verlockender erscheinen als Ihr Weg zu innerem Frieden. Das liegt daran, dass Ihr Verstand sich gegen den Gedanken wehrt, zur Ruhe zu kommen und mit sich selbst konfrontiert zu werden.

Da Ihre Fantasie zum großen Teil von Ihren Ängsten lebt, kommt Ihnen die Stille vielleicht plötzlich bedrohlich vor. Es gibt nichts, was Sie jetzt weniger reizen könnte, als zur Ruhe zu kommen und sich selbst ins Auge zu sehen. Und je länger Sie sich dagegen wehren, desto schwieriger wird es, diesen Widerstand zu überwinden. Dabei brauchen Sie nur den Schritt über diese innere Hürde zu wagen. Sobald Sie das tun, überkommt Sie sofort wieder dieses wunderbare Gefühl des Friedens, und Sie fragen sich, was dieser ganze innere Aufruhr eigentlich sollte. Sie entspannen sich, und bald fühlen Sie sich wieder wohl in der Stille und sind mit sich und der Welt im Reinen.

Vielleicht wird dieser innere Widerstand niemals völlig verschwinden. Vielleicht werden Sie immer wieder dagegen ankämpfen müssen. Und manchmal dient er Ihnen vielleicht sogar als willkommene Ausrede. Bleiben Sie trotzdem konsequent und lassen Sie sich dadurch nicht beirren. Registrieren Sie diesen inneren Widerstand einfach, akzeptieren Sie ihn – und dann setzen Sie sich darüber hinweg, begeben Sie sich zu Ihrem Ort der Ruhe und schließen die Tür hinter sich.

Woher die Energie nehmen?

Zunächst einmal müssen Sie Zeit für Ihre Suche nach dem Wunder inneren Friedens finden. Dann müssen Sie Ihre Ängste und inneren Widerstände überwinden und lernen, wieder richtig zu atmen. Warum soll ich mir all diese Mühe machen?, werden Sie sich vielleicht fragen. Das klingt wirklich nach harter Arbeit. Woher soll ich die Energie dafür nehmen, und wozu? Lohnt sich das überhaupt?

Das ist das Dilemma aller Menschen, die den Weg des inneren Friedens in ihrem Leben beschreiten möchten: Es erfordert zunächst einmal Energie. Zwar bekommen Sie hinterher mehr Energie zurück, als Sie investiert haben – aber diese Energie müssen Sie dann wieder einsetzen, um den nächsten Ort der Ruhe in Ihrem Leben zu finden, und so weiter und so weiter.

Doch wenn Sie den Weg der inneren Stille konsequent weitergehen, wird Ihre Energie dadurch eine ganz neue Qualität annehmen, und Sie werden stets so viel Energie haben, wie Sie brauchen. Und wenn Sie die Meditationspraktiken in Ihrer Ruhepause – richtiges Atmen, Achtsamkeit und so weiter – auch auf andere Bereiche Ihres Lebens übertragen, wird diese Energie Sie nie wieder verlassen. Selbst wenn Sie ein bisschen weniger schlafen, um mehr Zeit in der Behaglichkeit inneren Friedens verbringen zu können, werden Sie sich letzten Endes trotzdem energiegeladener fühlen als vorher.

Um mehr Energie zu bekommen, muss man eben zunächst einmal ein bisschen Energie investieren. Doch sobald die Übungen für Ihre innere Ruhe zu einem Grundpfeiler Ihres Lebens geworden sind, werden Sie gar nicht mehr daran denken, wie viel Anstrengung Sie das am Anfang gekostet hat. Irgendwann werden Sie sogar so weit kommen, dass Sie sich in die Stille zurückziehen, um wieder neue Energie zu tanken.

So einfach und doch so schwer

Sie brauchen keine besonderen Fähigkeiten, um den Weg des inneren Friedens zu gehen. Keine speziellen Talente und auch keine übermäßig hohe Intelligenz. Wir alle bringen die Voraussetzungen dazu mit. Zunächst einmal muss man das Bedürfnis nach dem Wunder inneren Friedens haben; aber wenn Sie mein Buch lesen, verspüren Sie dieses Bedürfnis wahrscheinlich sowieso schon. Also nehmen Sie sich einfach ein bisschen Zeit, wählen Sie einen geeigneten Ort, machen Sie es sich bequem, atmen Sie – und schon sind Sie auf dem richtigen Weg! Das ist doch eigentlich ganz einfach. Warum ist es dann gleichzeitig so schwierig?

Das liegt an unserer Angst: Angst vor dem Unbekannten, Angst vor uns selbst, Angst vor Veränderungen. Der Gedanke, ganz allein zu sein und einfach stillzusitzen, ist uns zunächst einmal fremd. Und die meisten Menschen fühlen sich nun einmal wohler, wenn sie wissen, was sie erwartet – selbst wenn es etwas Unangenehmes ist. Ungewissheit ist ihnen verhasst. Doch unser ganzes Leben ist eine einzige Ungewissheit. Selbst wenn wir zu wissen glauben, wie etwas ausgehen wird, wissen wir es in Wirklichkeit nicht.

Also überwinden Sie Ihre Angst und konzentrieren Sie sich zunächst auf jene Schritte zu innerem Frieden, die leicht zu bewältigen sind. Später werden Sie sich auch mit schwierigeren Hürden auseinander setzen können. Wenn Sie dieses Risiko nicht eingehen, werden Sie das Wunder inneren Friedens vielleicht niemals kennen lernen. Also wagen Sie den Schritt über Ihre Angst hinaus; sehen Sie ihr ins Auge, dann werden Sie sie auch verstehen können. Machen Sie die Angst zu Ihrem Lehrer; die Lektionen, die Sie daraus lernen können, werden Ihnen ein Leben lang wertvolle Dienste leisten. Vielleicht werden Sie nach einer Meditationssitzung in Ihrer Ruhepause feststellen, dass Ihre Angst sich gelegt hat und Sie bereit sind, allen Veränderungen freudig entgegenzusehen. Und vielleicht werden Sie dann auch für viele andere Dinge in Ihrem Leben mehr Kraft haben; denn wenn Sie erst einmal Ihren Ängsten ins Auge sehen können, werden Sie auch den Mut haben, sich anderen Situationen zu stellen, die Ihnen vorher nicht recht geheuer waren. Also tanzen Sie mit Ihren Ängsten und bewegen Sie sich mit spielerischer Leichtigkeit zu immer neuen aufregenden Schauplätzen Ihrer ganz persönlichen Entdeckungsreise.

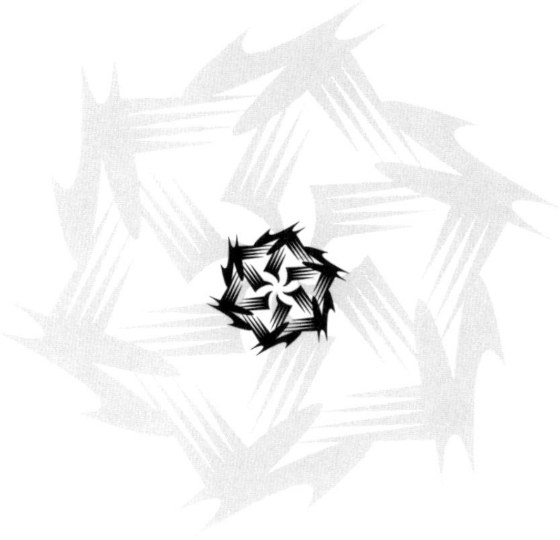

Niemand schaut zu

Preisverleihungen, Diplome, Medaillen, Stipendien, Gehaltserhöhungen, Beförderungen ... So honoriert und belohnt unsere Gesellschaft Leistungen. Und oft sind diese Belohnungen der eigentliche Anreiz für uns – die Praline, die uns am Ende all unsere Anstrengungen versüßt. Doch wenn wir nach dem Wunder inneren Friedens suchen, erwartet uns keine greifbare Belohnung. Und unsere »Leistungen« in der Stille werden auch von niemandem bewertet. Keiner schaut uns zu.

Wir begeben uns ganz allein auf dieses unbekannte Terrain und sind nur uns selbst Rechenschaft schuldig. Und auch die positiven Wirkungen unserer Meditation sind sehr subtil – niemand applaudiert uns, keiner verleiht uns eine Medaille. Doch die Menschen, die uns nahe stehen, werden diese positiven Veränderungen spüren – vielleicht, ohne sie sich erklären zu können. Und es ist auch gar nicht notwendig, ihnen den Grund dieser wundersamen Wandlung zu verraten. Das soll Ihr Geheimnis sein. Ihre innere Ruhe soll ein Ort sein, an dem Sie mit sich selbst und vielleicht auch mit einer höheren Macht kommunizieren. Niemand schaut Ihnen dabei zu. Aber alle gewinnen etwas dabei.

Das Annehmen üben

Wenn Sie sich auf den Weg des inneren Friedens einlassen und regelmäßig die Stille suchen, werden Sie viel über sich selbst erfahren. Als Erstes lernen Sie vielleicht, mit diesem Prozess umzugehen. Zwar werden Sie die positiven Auswirkungen Ihrer drei tiefen Atemzüge sofort spüren; doch die meisten anhaltenden und stärkenden Wirkungen Ihrer Meditationspraxis sind eher subtil und stellen sich erst ganz allmählich ein. Diesen langsamen Entwicklungsprozess müssen Sie akzeptieren, um in den Genuss langfristiger positiver Veränderungen zu kommen.

Und dieser Prozess wird von Ihrer Individualität und Ihren ganz persönlichen Eigenarten geprägt sein. Denken Sie daran, dass es nicht nur eine einzige Methode gibt, um zu innerer Ruhe zu finden. Akzeptieren Sie Ihren eigenen Weg. Wenn Sie die Stille erst einmal langsam und zögernd umkreisen möchten, ehe Sie sich auf sie einlassen, so akzeptieren Sie das als Ihren ganz persönlichen Meditationsprozess. Wie auch immer Sie die Sache angehen: Wenn diese Methode bei Ihnen gut funktioniert, ist das für Sie der richtige Weg.

Manches, was Sie im Zustand der Ruhe lernen, wird Ihnen vielleicht nicht behagen, und häufig werden Sie sich innerlich gegen dieses Streben nach Vollkommenheit wehren. Aber letzten Endes geht es gar nicht um Vollkommenheit, sondern um einen Entwicklungsprozess. Viele nordamerikanische Indianer bauen absichtlich Fehler in ihre Kunstwerke ein, weil sie glauben, dass nur der Schöpfer etwas Vollkommenes schaffen könne. Denken Sie daran, wenn Sie meditieren. Und üben Sie das Annehmen.

Im Augenblick leben

Die Vorfreude auf ein Ereignis ist oft aufregender als das Ereignis selbst. Manchmal leistet unsere Neigung, uns Fantasien hinzugeben, die Realität zu verfälschen und in Gedanken immer schon in die Zukunft vorauszueilen, uns gute Dienste; aber sie kann auch unser Untergang sein. Die Vorstellung, eine gewisse Zeit allein zu verbringen, erfüllt uns vielleicht mit Angst und Freude zugleich. Wir freuen uns auf diese Zeit, weil wir sie als willkommene Insel der Ruhe inmitten unseres hektischen Alltags empfinden. Doch wenn wir dann einen Schritt weiterdenken, ist diese völlig unverplante Zeit, in der wir allein sein werden, uns vielleicht auch ein bisschen unheimlich, weil wir fürchten, nicht zu wissen, was wir damit anfangen sollen. Und vielleicht hält uns gerade diese Angst davon ab, uns auf die Stille einzulassen.

Die Lösung dieses Problems besteht ganz einfach darin, nicht vorauszudenken. Vielleicht erscheint Ihnen das unmöglich; aber das ist es nicht. Es ist vielleicht nicht leicht – aber doch ganz einfach. Legen Sie einfach eine bestimmte Zeit fest, die Sie an Ihrem Ort der Ruhe verbringen werden, und dann entspannen Sie sich und denken Sie nicht mehr daran – so lange, bis Sie sich tatsächlich an dem gewählten Ort befinden. Vertrauen Sie auf Ihre innere Stimme. Sie werden schon wissen, was Sie in der Stille anfangen sollen. Halten Sie Ihre Ängste ebenso auf Distanz wie Ihre Vorfreude. Planen Sie den Aufenthalt an Ihrem Ort der Ruhe einfach, ohne dieses Erlebnis schon mit Emotionen zu befrachten, noch ehe es begonnen hat.

Sobald Sie lernen, die Zeit des In-sich-Ruhens gedanklich nicht schon vorwegzunehmen, können Sie diese neu erworbene Fähigkeit auch auf andere Dinge in Ihrem Leben anwenden. Planen Sie Ihren nächsten Urlaub; aber widerstehen Sie der Versuchung, sich schon im Voraus auszumalen, wie Sie Ihre Urlaubstage verbringen und wie Sie sich am Ende Ihrer Reise fühlen werden. Machen Sie einfach Ihre Reisepläne, und dann geben Sie sich ganz dem Zauber dieses Erlebnisses hin. Und mit den Ereignissen an Ihrem Arbeitsplatz und in Ihrem Privatleben verfahren Sie genauso. Treffen Sie Ihre Vorkehrungen dafür, aber seien Sie trotzdem auf alles gefasst. Sobald Sie das gelernt haben, werden Sie keine Enttäuschungen mehr erleben und offen für das Wunder des Lebens mit all seinen Überraschungen und unerwarteten Freuden sein. Wenn Sie sich in dieser Fähigkeit vervollkommnen, werden Sie erkennen, welche Beschränkungen Ihnen Ihr früheres Verhalten auferlegt hat und welch grenzenlose Möglichkeiten Ihr jetziges Verhalten Ihnen eröffnet. Doch so aufregend das alles auch sein mag: Lassen Sie es einfach auf sich zukommen und regen Sie sich nicht schon vorher darüber auf. Dann wird dieses Erlebnis wirklich etwas ganz Reales, Wunderbares für Sie sein.

Glaube

Selbst wenn Sie alle Ratschläge in diesem Buch befolgen, werden Sie ab und zu vor einer scheinbar unüberwindlichen Mauer stehen und nicht weiterwissen. Vielleicht werden Sie sich manchmal fragen: Was mache ich hier eigentlich? Denn im Grunde genommen scheint auf Ihrem Weg zu innerem Frieden gar nichts zu passieren. Und dann wird es auch Zeiten geben, in denen Sie alles in Frage stellen. Dann müssen Sie tief in Ihr Herz hineinschauen und dort einen Glauben finden, an dem Sie sich festhalten können – den Glauben daran, dass dieser Prozess auch wirklich funktioniert, dass Sie auf dem richtigen Weg sind und dass all Ihre Mühe nicht völlig vergeblich ist.

Gerade am Anfang ist es besonders wichtig, diese steinigen Wegstrecken mithilfe Ihres Glaubens zu überwinden. Später, wenn Sie schon ein bisschen mehr Erfahrung haben, werden Sie diese Hindernisse als das erkennen, was sie in Wirklichkeit sind – lästige Ablenkungen, die einer realen Basis entbehren. Doch anfangs werden Sie Ihren Glauben oft dringend brauchen, um diese Hindernisse zu überwinden. Und er kann Ihnen auch auf Ihrem weiteren Weg gute Dienste leisten, wenn plötzlich all Ihre bisherigen Überzeugungen ins Wanken geraten. Wenn Sie von Anfang an Zuflucht bei diesem Glauben suchen, wird er Ihnen auch später leichter zugänglich sein.

Das Wort »Glaube« hat sich im Laufe der Zeit so eng mit Religion verbunden, dass es für manche Menschen einen negativen Beigeschmack bekommen hat. Falls Sie auch zu diesen Menschen gehören, versuchen Sie einmal, diese beiden Begriffe voneinander zu trennen. Betrachten Sie Glauben als eine Herzenssache, die nichts mit Ihrem Verstand zu tun hat. Versuchen Sie sich von der alten Bedeutung, die das Wort »Glaube« für Sie hatte, zu lösen, ohne ihm eine neue Bedeutung zu geben. Versuchen Sie einfach nur zu fühlen, was Glaube ist. Entwickeln Sie zunächst einmal Vertrauen in Ihre Fähigkeit, den Weg des inneren Friedens weiterzugehen. Dann wird es Ihnen leicht fallen, diesen Glauben auch auf Ihren inneren Entwicklungsprozess zu übertragen. Solange Sie vertrauensvoll auf Ihrem Weg voranschreiten, befinden Sie sich im Einklang mit diesem Prozess, und alles wird Ihnen gelingen. Vertrauen Sie einfach auf Ihr Herz, dann erübrigen sich alle Gedanken.

Sich von der Atmung leiten lassen

Hören Sie stets auf Ihre Atmung. Wenn Sie auf der Suche nach dem Wunder inneren Friedens an Ihrem Ort der Ruhe sind, lassen Sie sich dabei nicht von Ihrem Verstand, sondern von Ihren Atemzügen leiten. Und wenn dabei irgendwelche Gedanken in Ihnen aufsteigen, erkennen und akzeptieren Sie sie als das, was sie sind – Gedanken –, und lassen Sie sie wieder vorüberziehen. Atmen Sie einfach nur. Und während Sie atmen und sich auf jeden dieser Atemzüge konzentrieren, machen Sie sich den Ursprung Ihrer Atmung bewusst.

Legen Sie sich auf den Rücken. Ihre Arme liegen entspannt an den Seiten; die Handflächen zeigen nach oben. Entspannen Sie sich und atmen Sie in den Bauch hinein. Achten Sie dabei darauf, wie er sich hebt und beim Ausatmen wieder senkt.

Wenn Ihre Atemzüge in Ihrem Hals oder Ihrer Brust stecken zu bleiben scheinen, versuchen Sie sie bis in den Bauch hinunterzulenken. Legen Sie eine Hand auf Ihren Bauch, um Ihre Atembewegungen zu spüren. Wenn Sie einmal die Atemzüge eines Babys beobachtet haben, wissen Sie, wie natürlich, mühelos und ungehindert unsere Atmung ablaufen kann.

Versuchen Sie so zu atmen wie ein Kind. Integrieren Sie diese Übung in Ihre Atemmeditation, bis Ihnen diese Art der Atmung so in Fleisch und Blut übergegangen ist, dass Sie sie automatisch in jeder Position praktizieren.

Vielleicht wird es ein bisschen Zeit und Übung erfordern, dieses tiefe und doch zugleich mühelose Atmen zu erlernen. Trotzdem sollten Sie sich bei jeder Gelegenheit auf diese Art der Atmung konzentrieren und sich von ihr leiten lassen. Wenn Ihr Verstand von zu vielen Gedanken umnebelt ist und Ihr Gehirn auf Hochtouren arbeitet, überlassen Sie einfach Ihren Atemzügen das Kommando; dieser natürliche Rhythmus wird wieder Ordnung in Ihre Gedanken bringen. Blenden Sie sich selbst aus diesem Vorgang aus. Atmen Sie einfach. Und wenn Sie einmal nicht wissen, was Sie in der Abgeschiedenheit der Stille tun sollen, dann versuchen Sie nicht, irgendeine Entscheidung zu treffen, sondern hören Sie auf Ihre Atmung. Atmen Sie einfach – und überlassen Sie Ihren Atemzügen die Entscheidung.

Ein Spaziergang als Ruhepol

Legen Sie den Weg zum Lebensmittelladen an der nächsten Ecke im Auto zurück? Nehmen Sie für die anderthalb Kilometer zum Kino lieber den Bus, statt zu laufen? Fahren Sie morgens mit dem Auto zum Bahnhof, statt ein paar Schritte zu Fuß zu gehen?

Schade – denn all das sind wunderbare Gelegenheiten, sich ein paar ruhige Minuten zu gönnen und dabei gleichzeitig auch noch etwas für Ihre Gesundheit zu tun.

Nehmen Sie sich doch einfach einmal ein bisschen mehr Zeit und legen Sie den Weg zu Ihrem Ziel zu Fuß zurück – in einer Geschwindigkeit und Körperhaltung, die bequem für Sie ist und Ihrem eigenen Rhythmus entspricht.

Gehen Sie zunächst ganz langsam und atmen Sie dabei tief durch. Konzentrieren Sie sich auf Ihre Atmung. Je mehr Ihre Konzentration sich vertieft, umso bewusster werden Sie Ihre Umgebung wahrnehmen, ohne sich jedoch dadurch ablenken zu lassen. Richten Sie Ihren Blick locker und entspannt auf einen Punkt, der etwa einen Meter vor Ihnen liegt. Dann werden Sie sich ganz von selbst besser konzentrieren können.

Probieren Sie das ein- oder zweimal aus und beobachten Sie, in welcher seelischen Verfassung Sie sich befinden, wenn Sie an Ihrem Ziel ankommen.

Ich bin dann stets entspannt und doch gleichzeitig innerlich hellwach. Alle Farben leuchten intensiver; alles, was ich sehe, zeichnet sich in gestochen scharfen Umrissen vor meinen Augen ab, und auch alle Geräusche sind deutlicher zu hören als sonst.

Und ich habe anschließend auch viel mehr Geduld, wenn ich in einer Warteschlange stehen muss, die sich nur im Schneckentempo vorwärts zu bewegen scheint.

Es gibt tagtäglich viele Gelegenheiten, dieses ruhige, bewusste Gehen zu praktizieren. Benutzen Sie im Büro statt des Aufzugs doch einmal die Treppe; oder machen Sie den Spaziergang mit Ihrem Hund zu einem Ruhepol in Ihrem Leben. Ihrer Fantasie sind keine Grenzen gesetzt. Und vergessen Sie dabei das Atmen nicht!

Ist das Meditation?

Im Wörterbuch steht eine ganz einfache Definition für den Begriff »Meditation«; doch wir neigen dazu, diese Definition auszuschmücken und die Meditation dadurch zu etwas Geheimnisvollem, Bedrohlichem zu machen.

Es gibt zwar viele verschiedene Arten von Meditation, aber wahrscheinlich denken wir, wenn wir dieses Wort hören, in erster Linie an die Körperhaltung, die man dabei einnimmt. Und diese Vorstellung schreckt uns vielleicht so ab, dass wir den Gedanken ans Meditieren sofort wegschieben. Manche Menschen meditieren auf bestimmte Wörter, andere auf Bilder oder Laute. Viele meditieren mit geschlossenen Augen; doch meiner Meinung nach kann einen das schläfrig machen und zum Träumen verführen. Wir wollen die Praktiken an unserem Ort der

Ruhe einfach als »konzentriertes Atmen mit leicht geöffneten Augen« definieren. Das ist ganz einfach. Und doch so wirkungsvoll.

Vielleicht möchten Sie Ihre Aufmerksamkeit dabei auf ein Bild oder einen Laut richten, um sich noch besser konzentrieren zu können; aber das ist nicht unbedingt notwendig. Wenn Sie einfach nur mit offenen Augen still sitzen und atmen, ist auch das schon Meditation.

Eine Kerze anzünden

Vielleicht möchten Sie auch eine Lichtquelle während Ihrer Ruhepause in Ihre Meditation miteinbeziehen. Wenn Sie sich morgens an Ihren Ort der Ruhe zurückziehen und Ihre Fenster genügend natürliches Licht hereinlassen, dann ziehen Sie die Jalousien hoch und achten Sie einmal darauf, wie das Licht sich im Laufe der Zeit verändert. Wenn Sie sich dagegen mitten am Tag Ihrer inneren Ruhe hingeben, sollten Sie die Jalousie vielleicht lieber herunterziehen, damit das Licht nicht so grell hereinscheint. Dadurch tauchen Sie den Raum in ein gedämpftes Licht, das nur um diese Tageszeit herrscht. Und auch die Veränderungen dieses Lichtmusters können Sie beobachten.

Falls Sie sich erst nach Sonnenuntergang in Ihr stilles Eckchen zurückziehen, zünden Sie eine oder mehrere Kerzen an. Kerzenlicht wirkt beruhigend und kann eine ganz besondere Atmosphäre schaffen. Das Flackern der Kerzenflamme und die Farben, die dadurch entstehen, lassen Ihre alltägliche Umgebung irgendwie anders, weicher erscheinen. Dadurch verändert sich auch Ihre Perspektive. Und das ist der eigentliche Grund, warum Sie sich an Ihren Ort der Ruhe zurückziehen. Wenn Sie zu Beginn Ihrer Meditation Kerzen anzünden, signalisieren Sie damit, dass diese Zeit etwas ganz Besonderes für Sie ist. Genießen Sie jede Sekunde, die Sie in dieser stillen, von Kerzenlicht erfüllten Atmosphäre verbringen, als einen Augenblick der Vollkommenheit.

Räucherstäbchen als Einstimmung

Wenn wir Zuckerwatte riechen, denken wir unwillkürlich an den Jahrmarkt und die Freuden der Kindheit zurück. Der Geruch feuchter, abgefallener Blätter erinnert uns an das traurige Ende des Sommers und die Vorfreude aufs neue Schuljahr. Die meisten Menschen haben einen ziemlich ausgeprägten Geruchssinn, der eng mit ihrer Persönlichkeit und ihren individuellen Vorlieben verbunden ist. Unangenehme Gerüche dämpfen unsere Stimmung, angenehme geben uns Auftrieb.

Deshalb zünde ich als Erstes Räucherstäbchen an, wenn ich mich an meinen Ort der Ruhe zurückziehe. Dieser Duft signalisiert mir, dass meine Zeit der Stille begonnen hat, und dann lasse ich mich nicht mehr so leicht ablenken.

Ich zünde genau so viel Räucherwerk an, wie ich für die jeweilige Zeitspanne brauche, sodass ich mich anschließend ganz auf meine Meditation konzentrieren kann, ohne auf die Uhr schauen zu müssen. Für mich ist es eine Art Ritual, jedes Mal, wenn ich in meine innere Ruhe einkehre, Räucherstäbchen anzuzünden; ihr Duft wirkt sofort beruhigend auf mich.

Immer wenn mir dieser Geruch in die Nase steigt, erinnert mich das sofort an das Wunder inneren Friedens. Er gehört jetzt zu meinem »Duftgedächtnis« und erweckt stets ein Gefühl der Harmonie in mir.

Kaufen Sie sich einen Räucherstäbchenhalter oder stellen Sie die Stäbchen einfach in eine hübsche kleine Schale. Anfangs müssen Sie Salz oder Kieselsteine in die Schale füllen, damit die Räucherstäbchen darin nicht umfallen. Doch sobald sich in der Schale ein bisschen Asche angesammelt hat, können Sie die Räucherstäbchen in diese Asche stecken. Glätten Sie die Asche nach jeder Meditationssitzung, damit das Räuchergefäß für Ihre nächste Begegnung mit der Stille schön ordentlich aussieht.

Ich beginne und beende meinen Aufenthalt in der Stille stets mit diesem Räucherstäbchenritual. Das gibt meiner Meditation einen festen Rahmen und ist gleichzeitig ein symbolischer Ausdruck meiner inneren Bereitschaft, mir Zeit für mich selbst zu nehmen.

Die Dauerberieselung abstellen

Wir werden ständig mit allen möglichen Arten von Unterhaltung bombardiert: musikalische Berieselung im Restaurant, Videoanimationen im Warenhaus, Reklametafeln an den Straßen; Computerspiele, Talkshows, Tagesschau, Kino, Videos, Videospiele, Zeitschriften ... Die Liste ist endlos. Und all diese verschiedenen Formen der Unterhaltung wetteifern miteinander um unsere Aufmerksamkeit. Doch trotz des subtilen Drucks, den sie auf uns ausüben, haben wir niemals genügend Zeit, uns mit all diesen Dingen zu beschäftigen. Ist es da ein Wunder, dass so viele Menschen sich nach ein bisschen Ruhe sehnen, aber gar nicht genau wissen, was sie eigentlich damit anfangen sollen?

Der erste Schritt zur Lösung dieses Problems besteht darin, die ständige Flut an Außenreizen einzudämmen, denen Sie in Ihrer Welt tagtäglich ausgesetzt sind. Denn zumindest darüber haben Sie eine gewisse Kontrolle. Überlegen Sie sich genau, wie viel Unterhaltung Sie in Ihr Leben hineinlassen wollen. Treffen Sie eine bewusste Entscheidung, ehe Sie das Radio oder den Fernseher anschalten. Legen Sie vorher genau fest, was Sie sich anhören oder anschauen wollen. Und wenn Sie sich dabei ertappen, dass Sie einfach mechanisch das Radio oder Fernsehgerät einschalten und gar nicht richtig zuhören, dann verbringen Sie diese Zeit stattdessen lieber an Ihrem Ort der Ruhe. Denn dort können Sie sich ganz allein unterhalten – ohne banale äußere Reize.

Falls Ihr Radiowecker Sie schon am frühen Morgen mit den neuesten Hits zudröhnt, sollten Sie vielleicht lieber einen dezenteren Wecker benutzen und in einer Atmosphäre der Stille vom Schlaf in den Wachzustand hinübergleiten. Warten Sie nach dem Aufstehen mindestens eine halbe Stunde, ehe Sie das Radio einschalten, um sich die Nachrichten und den Wetterbericht anzuhören. Und falls Sie jeden Morgen die Zeitung lesen, sollten Sie das in Zukunft vielleicht nur noch jeden zweiten Tag tun; das gibt Ihnen ein bisschen Freizeit, die Sie in entspannender Ruhe verbringen können. Probieren Sie das einmal eine oder zwei Wochen lang aus, um zu sehen, wie viele wichtige Nachrichten Sie dadurch wirklich verpassen. Und wenn Sie sich nach Feierabend die Tagesschau anschauen und den Fernseher anschließend gleich anlassen, versuchen Sie doch einmal, jeden Tag eine Stunde weniger fernzusehen. Und am Ende dieser Woche machen Sie eine Bestandsaufnahme und überlegen sich, ob Sie dadurch irgendetwas Lohnendes versäumt haben.

Nach und nach werden Sie auf diese Weise einen großen Teil Ihrer Freizeit in eine Zeit der Stille verwandeln. Und diese Zeit des inneren Friedens wird Ihnen Anregungen liefern, die äußere Reize Ihnen niemals bieten können.

Fragen Sie Ihr inneres Kind um Rat

Ich weiß noch genau, wie ich als Kind an warmen Sommerabenden zusammen mit meiner Mutter, den Nachbarskindern und deren Müttern auf der Veranda saß; das gehört zu meinen liebsten Kindheitserinnerungen. Wir hatten schon gebadet und unsere Schlafanzüge an, deshalb durften wir nicht mehr herumtoben; aber wir fanden trotzdem viele Möglichkeiten, uns zu amüsieren.

Unsere sauber duftenden Körper, die kuscheligen Baumwollschlafanzüge und die Stimmen unserer Mütter im Hintergrund gaben uns ein Gefühl der Geborgenheit.

Wenn ich heute als Erwachsene wieder so ein Gefühl haben möchte, ziehe ich eine alte, ausgebeulte Trainingshose und ein weites T-Shirt an und gehe möglichst viel barfuß, vor allem an meinem Ort der Ruhe.

Wenn Sie den Aufenthalt in der eigenen Stille also irgendwie von Ihrem Alltagsleben abgrenzen wollen (zumindest, solange Sie noch nicht so weit sind, Ihr ganzes Leben in diesem Zustand des inneren Friedens zu verbringen), dann denken Sie an Ihre Kindheit und an jene Dinge zurück, die Sie damals besonders glücklich gemacht haben. Oder überlegen Sie, was Sie sich als Kind schon immer gewünscht haben, und machen Sie sich das an Ihrem Ort der Ruhe zum Geschenk. Vielleicht möchten Sie ein Aquarium dort aufstellen oder die Zimmerdecke mit glitzernden Sternen bekleben. Seien Sie kreativ. Gönnen Sie sich einfach ein bisschen Spaß und denken Sie daran, bei jeder Entscheidung, die Ihre eigene Harmonie betrifft, Ihr inneres Kind um Rat zu fragen.

Lesen Sie sich selbst etwas vor

Sie können sich während Ihrer Ruhepause auch eine Lieblingsgeschichte oder ein Lieblingsgedicht vorlesen. Vielleicht möchten Sie diese Übung zunächst einmal mit einer Kindergeschichte beginnen. Wenn es Ihnen anfangs ein bisschen komisch vorkommt, sich selbst etwas vorzulesen, dann tun Sie einfach so, als erzählten Sie einem Kind eine Gutenachtgeschichte. Oder stellen Sie sich vor, selbst dieses Kind zu sein, und erinnern Sie sich daran, wie es war, wenn Ihre Eltern Ihnen etwas vorlasen. Sie können dazu auch Texte aus diesem Buch benutzen – vor allem die Kapitel, in denen es um Ihre Atmung geht, damit Sie das bewusste Atmen nicht vergessen. Einer der Vorteile des lauten Lesens besteht darin, dass Sie dabei atmen müssen; und mit der Zeit werden Ihre Atemzüge immer tiefer und gleichmäßiger werden.

Wenn Sie die Zeit an Ihrem Ort der Ruhe mit einem anderen Menschen verbringen möchten, können Sie sich abwechselnd etwas vorlesen und davor und danach ein paar Minuten schweigen, um dieser Zeit eine weihevolle Atmosphäre zu verleihen. Dabei werden Sie feststellen, dass es eine ungeheuer intensive Wirkung hat, gemeinsam mit einem anderen atmenden menschlichen Wesen schweigend dazusitzen – einem Menschen, der genauso großes Interesse an diesem Meditationsprozess hat wie Sie.

Versuchen Sie während des Vorlesens aus dem Bauch heraus zu atmen. Holen Sie die Worte ganz tief aus Ihrem Inneren und lassen Sie sie von Ihren Atemzügen in die Welt hinaustragen.

Üben, üben, üben

Zwar werden Sie die Auswirkungen Ihrer heutigen Meditation auch morgen noch spüren; doch wenn Sie sich nicht regelmäßig Zeit für Ihren inneren Frieden nehmen, wird dieser positive Effekt allmählich nachlassen. Wenn Sie dagegen täglich üben, wird er mit der Zeit immer intensiver werden. Mit dem Meditieren ist es genauso wie mit allen anderen wirklich lohnenden Beschäftigungen: Mit ein wenig Zeit und Übung werden Sie immer bessere Ergebnisse erzielen.

Oft wird der Rückzug in die innere Stille Sie mehr Überwindung kosten, als er Ihrer Meinung nach wert ist. Raffen Sie sich trotzdem dazu auf. Vielleicht gibt es Tage, an denen Ihr ganzes Leben Ihnen irgendwie festgefahren erscheint und Sie Ihren Ort der Ruhe nicht als Luxus, sondern eher als Belastung empfinden. Ziehen Sie sich trotzdem regelmäßig dorthin zurück – auch wenn Sie manchmal vielleicht nur zehn Minuten dafür erübrigen können. Zehn Minuten sind immer noch besser als gar nichts. Wenn Sie auf den idealen Zeitpunkt, die ideale Umgebung und die hundertprozentige Motivation warten, werden Sie das Wunder inneren Friedens vielleicht nie erleben. Also ziehen Sie sich regelmäßig in die Stille zurück. Und üben Sie, üben Sie, üben Sie.

Die Macht der Gewohnheit

Wenn Sie wie die meisten Menschen sind, läuft bei Ihnen wahrscheinlich alles nach einer gewissen Routine ab – ob es nun das Frühstück ist oder die morgendliche Dusche. Wahrscheinlich haben Sie für alles, was Sie tun, Gewohnheiten entwickelt, über die Sie sich keine großen Gedanken machen, die Ihnen vielleicht kaum noch bewusst sind. Mit den Atemübungen, der Suche nach innerem Frieden und der achtsamen Lebenseinstellung, die ich Ihnen in diesem Buch empfehle, sollen Sie diese Gewohnheitsmuster jedoch durchbrechen und lernen, die Welt aus einer neuen Perspektive zu betrachten.

Allerdings kann zu Beginn dieser Entdeckungsreise Ihre Neigung, für alles routinemäßige Abläufe zu entwickeln, sogar von Vorteil für Sie sein.

Machen Sie sich klar, dass die innere Stille, in die Sie sich tagtäglich zurückziehen, für Ihr Wohlbefinden und Überleben genauso wichtig ist wie die tägliche Dusche oder das Abendessen. Zwingen Sie sich, sich jeden Tag ein bisschen Zeit für sich selbst zu nehmen, bis Ihnen dieses Ritual so sehr zur Gewohnheit geworden ist, dass Sie aus dem inneren Gleichgewicht geraten, wenn Sie es einmal versäumen. Und sobald diese Zeit zu einem unentbehrlichen Bestandteil Ihres Lebens geworden ist, können Sie all Ihre anderen gewohnheitsmäßigen Verhaltensmuster einer kritischen Prüfung unterziehen, während Sie in sich ruhen. Sobald Sie sich den Aufenthalt in der Stille zur festen Gewohnheit gemacht haben, werden Sie all Ihre anderen Gewohnheiten viel deutlicher wahrnehmen – und dann können Sie sie auch ändern, wenn Sie möchten.

Entwickeln Sie Ihren eigenen Stil

Es gibt nicht nur einen richtigen Weg. Was ich hier schreibe, sind lediglich Vorschläge – Richtlinien, an die Sie sich auf Ihrem ganz persönlichen Weg zu einem bewussteren Leben halten können. Ziel dieses Prozesses ist es, Ihr Inneres, Ihr wahres Ich zum Leben zu erwecken. Und so wie jeder Mensch eine andere innere Uhr hat, reagiert auch jeder anders auf bestimmte Eindrücke. Und nicht nur das: Auch unsere Stimmung verändert sich von Tag zu Tag. Was heute die ideale Methode für uns ist, kann sich schon morgen als absoluter Reinfall erweisen. Also beherzigen Sie nur diejenigen Ratschläge in meinem Buch, die Ihrem Wesen entsprechen, und ignorieren Sie den Rest einfach. Benutzen Sie dieses Buch als Fundament, auf dem Sie Ihre eigenen Meditationspraktiken aufbauen.

Sobald Sie sich Ihren Ort der Ruhe eingerichtet haben und immer mehr Zeit dort verbringen, werden Sie sich selbst besser kennen lernen. Sie werden Ihre Vorlieben und Abneigungen klarer erkennen und dennoch kein Urteil über sich selbst fällen. Sie werden einfach beginnen, die verschiedenen Eigenschaften, die Ihre Persönlichkeit ausmachen, zu akzeptieren – ob sie nun gut oder schlecht sind. In Ihrer Zeit der Stille können Sie mit ganz neuen Seiten Ihrer Persönlichkeit experimentieren und sich von alten Wesenszügen, die nicht mehr zu Ihnen passen, verabschieden. Lassen Sie sich dabei ruhig auch von den Vorschlägen und Anregungen anderer Menschen inspirieren; aber versuchen Sie nicht, dem Bild zu entsprechen, das jemand anders von Ihnen hat oder haben möchte. Entwickeln Sie in innerem Frieden Ihren ganz persönlichen Stil, damit Sie sich der Welt so präsentieren können, wie Sie wirklich sind.

Rituale

Wenn man immer wieder das Gleiche tut, stumpft man irgendwann ab. Wenn wir zum Beispiel jeden Morgen die gleichen Vorbereitungen für den Tag treffen und dann auf demselben Weg zur Arbeit gehen, schweifen wir mit unseren Gedanken unwillkürlich ab und vergessen, ob wir die Briefe, die wir von zu Hause mitgenommen zu haben glauben, in den Briefkasten geworfen haben oder nicht.

Und wenn wir jeden Abend vor dem Fernseher sitzen, fragen wir uns am Ende der Woche vielleicht, was wir eigentlich mit unserer Zeit angefangen haben, und fühlen uns träge und abgeschlafft.

Manche Menschen verwechseln solche mechanischen Abläufe mit Ritualen; doch in Wirklichkeit sind es nur unsere routinemäßigen Verhaltensmuster.

Rituale sind etwas ganz anderes; sie können uns Kraft geben und uns innerlich befreien. Eine Zeremonie kann unserem Leben Sinn und Ordnung geben.

Wenn wir weltliche oder religiöse Rituale beobachten, sind wir stets beeindruckt von ihrer Schönheit, auch wenn wir ihren Sinn vielleicht nicht immer verstehen. Und wenn wir ein solches Ritual an unserem Ort der Ruhe praktizieren, bringen wir damit zum Ausdruck, dass diese Zeit etwas ganz Besonderes für uns ist.

Kerzen oder Räucherstäbchen anzuzünden, jedes Mal denselben Text zu lesen, den Aufenthalt in der Stille mit einem Lieblingsgebet oder -lied zu beginnen und zu beenden – selbst solche kleinen Dinge können mit der Zeit ungeheure Bedeutung gewinnen.

Wenn wir unseren Weg zu innerem Frieden als Ritual erheben, befreit uns das und hebt uns über die alltäglichen Banalitäten des Lebens hinaus, sodass wir ein ganz neues Verständnis und eine ganz neue Wertschätzung für unsere Welt entwickeln. Und wenn wir nach und nach auch unsere Aktivitäten außerhalb unseres Aufenthalts in der Stille zum Ritual werden lassen, kann selbst eine triviale Hausarbeit wie beispielsweise Geschirrspülen zu etwas ganz Besonderem werden.

Den eigenen Weg gehen

Jedes Gehirn funktioniert anders, und auch jeder Körper reagiert anders. Jeder Mensch hat seinen ganz persönlichen Stil, also versuchen Sie die Erfahrungen und Fortschritte, die Sie im Wunder inneren Friedens machen, nicht mit denen anderer Menschen zu vergleichen. Da wir anscheinend immer Menschen mit ähnlichen Interessen anziehen, befinden sich vielleicht auch einige Ihrer Freunde und Angehörige auf dem Weg der Meditation.

Zwar ist es manchmal notwendig und hilfreich, Erfahrungen mit anderen Menschen auszutauschen; doch verfallen Sie nicht auf den Gedanken, dass die anderen alles richtig und Sie alles falsch machen oder umgekehrt. Das ist unmöglich. Jeder hat seinen eigenen Stil, und jeder Stil ist vollkommen.

Es kann durchaus sinnvoll sein, sich von anderen Menschen, die den Weg der Meditation schon länger praktizieren, beraten zu lassen; aber zwingen Sie sich niemals dazu, etwas zu tun, das nicht zu Ihnen passt. Und vergessen Sie auch nicht, dass Ihnen all das am Anfang ziemlich merkwürdig und unbequem vorkommen wird; also benutzen Sie dieses innere Unbehagen nicht als Vorwand, um in Ihrem Leben alles beim Alten zu lassen. Denn dieses Unbehagen ist etwas ganz anderes als der Widerstand, den Sie empfinden, wenn Sie versuchen, sich die Verhaltensmuster anderer Menschen aufzuzwingen. Sie werden bald lernen, den Unterschied zwischen beidem zu erkennen, und wissen, was für Sie richtig ist. Sie werden lernen, Ihren eigenen Weg zu akzeptieren und den der anderen Menschen zu respektieren. Ihr Weg ist nicht der einzige; aber es ist *Ihr* Weg.

Gemeinsam meditieren

Falls Sie Freunde oder Familienmitglieder haben, die auch auf der Suche nach dem Wunder inneren Friedens sind, können Sie gemeinsam mit ihnen meditieren. Das ist ein ganz besonderes Erlebnis, aus dem Sie viel über die Welt und Ihren Platz darin lernen können. Die Gruppenerfahrung kann Ihnen auch weiterhelfen, wenn es Ihnen schwer fällt, die nötige Selbstdisziplin zum Meditieren aufzubringen.

Sie können jede Gruppenmeditation mit einem Lied oder einem Gebet beginnen, das Sie gemeinsam aufsagen. Oder vielleicht zündet vor dem Beginn der Meditation jeder eine Kerze oder ein Räucherstäbchen an.

Sie können die Sitzung auch damit beginnen, dass jedes Mal ein anderes Mitglied Ihrer Gruppe von einer ganz persönlichen Meditationserfahrung berichtet, auf die sich dann anschließend alle konzentrieren. Die Gruppenmitglieder können die Meditationssitzung abwechselnd leiten; oder man einigt sich vorher auf einen bestimmten Ablauf. Aber machen Sie die Sache nicht zu kompliziert.

Und was noch wichtiger ist: Achten Sie darauf, zumindest eine gewisse Zeit in der Abgeschiedenheit völliger Stille zu verbringen. Sie können eine Glocke läuten, um den Anfang und das Ende dieser Zeit der Stille zu signalisieren, damit niemand auf die Uhr zu schauen braucht und sich alle ganz in ihre Meditation vertiefen können.

Wenn zwei oder mehr Menschen schweigend beisammensitzen, atmen und sich konzentrieren, können erstaunliche Dinge passieren. Dehnen Sie diese Zeit der Stille jedes Mal ein bisschen länger aus: Versuchen Sie es zuerst zehn Minuten lang, dann zwanzig Minuten und so weiter. Je länger Sie gemeinsam still sitzen, umso positiver wird die Wirkung sein.

Denn dadurch entwickelt sich zwischen den Gruppenmitgliedern ein so enger Kontakt wie nie zuvor. Diese Erfahrung kann Ihre Sicht auf das ganze Universum verändern.

Die Macht des Gebets

Vielleicht möchten Sie in der Tiefe des inneren Friedens Ihre Überzeugung zum Ausdruck bringen, dass es eine höhere Macht gibt, über die Sie keine Kontrolle haben. Ob diese höhere Macht nun Gott oder die Physik oder die Natur oder Ihr höheres Selbst ist, spielt keine Rolle.

Wenn Sie schon einmal darüber nachgedacht haben, sind Sie vielleicht zu der Überzeugung gelangt, dass es im Universum etwas gibt, das größer und mächtiger ist als Sie, auch wenn Sie keinen Namen dafür haben.

Eine Möglichkeit, diese höhere Macht in Ihr Leben einzubeziehen, ist das Gebet. Wenn Sie den Aufenthalt in der Stille mit einem Gebet beginnen und beenden, geben Sie ihm damit einen festen Rahmen und üben sich gleichzeitig in einer Haltung der Ehrfurcht.

Betrachten Sie dieses Gebet einfach als Anrufung einer äußeren Macht oder einer Kraft tief in Ihrem eigenen Inneren – als Worte, die Ihr Herz für eine neue Perspektive öffnen. Es gibt unzählige Sprüche, Sprechgesänge und Gebete.

Die vielen Religionen und Kulturen unserer Welt und unsere größten Denker und spirituellen Führer haben eine Fülle an Gebeten hervorgebracht, aus denen Sie schöpfen können.

Sie brauchen nur in die nächste Buchhandlung zu gehen; schon dort werden Sie eine Vielzahl an Inspirationsquellen finden, sodass Sie bei jeder Einkehr in die Stille ein anderes Gebet sprechen können, wenn Sie möchten.

Vielleicht lernen Sie mit der Zeit auch ein oder zwei Gebete auswendig, die Sie in belastenden Alltagssituationen aufsagen können – zum Beispiel, wenn Sie im Stau stecken oder im Stress sind. In Gedanken ein Gebet zu sprechen, löst unsere innere Anspannung und hilft uns über schwierige Situationen im Leben hinweg.

Schon die schöne Sprache vieler Gebete rüttelt mich innerlich auf und verändert meine Perspektive. Ich beginne die Welt plötzlich in einem neuen Licht zu sehen und bin bereit, es mit jeder Herausforderung aufzunehmen. Das Gebet macht mein Ruhen in innerem Frieden zu etwas ganz besonders Bewegendem.

Wenn Sie nicht schlafen können

Sie wälzen sich die ganze Nacht im Bett herum und tun kein Auge zu. Sie grübeln darüber nach, was Sie heute alles nicht geschafft haben und was Sie morgen dringend erledigen müssen. Sie trauern dem Ende einer Beziehung nach. Sind traurig über den Tod eines Menschen, der Ihnen nahe stand. Machen sich Sorgen um einen Verwandten oder ein Kind – und natürlich auch über die vielen unbezahlten Rechnungen. Und so weiter und so weiter.

Kein Mensch ist gegen Probleme gefeit. Wir alle haben schon schlaflose Nächte erlebt. Doch statt einfach nur dazuliegen und zu grübeln, sollten Sie das lieber als willkommene Gelegenheit betrachten, sich ganz der Ruhe hinzugeben. Sie können ja sowieso kein Auge zutun, und da der Rest Ihrer Welt in tiefem Schlaf liegt und Ihnen keine Gesellschaft leisten kann, können Sie diese Zeit ebenso gut in der Abgeschiedenheit der Stille verbringen. Dort können Sie den Dämonen ins Auge sehen, die Sie verfolgen, und ich garantiere Ihnen: Sie werden am nächsten Tag weniger müde sein, als wenn Sie sich die ganze Nacht schlaflos im Bett herumgewälzt hätten.

Schalten Sie gedämpftes Licht ein oder zünden Sie Kerzen an. Setzen Sie sich auf ein Kissen am Boden und machen Sie es sich warm und gemütlich. Gestalten Sie Ihren Ort der Ruhe so bequem und kuschelig wie möglich. Und dann atmen Sie. Atmen Sie bei jedem störenden oder beunruhigenden Gedanken, der in Ihnen aufsteigt. Atmen Sie immer weiter und halten Sie die Augen dabei leicht geöffnet. Sehen Sie Ihren Ängsten und Sorgen ins Auge. Atmen Sie. Gestehen Sie sich ein, wie sehr Sie immer noch an diesem Menschen hängen, den Sie verloren haben. Atmen Sie. Gestern ist vorbei, und das Morgen liegt noch in weiter Ferne. Atmen Sie. Momentan befinden Sie sich an einem warmen, angenehmen Ort, sicher und geborgen. Atmen Sie einfach weiter, während Ihre Gedanken allmählich zur Ruhe kommen. Wenn Sie sich auf diese Weise durch Ihre Sorgen hindurchatmen, steigt dabei vielleicht irgendeine neue Erkenntnis in Ihnen auf. Und vielleicht merken Sie auch irgendwann, dass Sie für ein paar Minuten eingenickt sind. Jetzt haben Sie die nötige Bettschwere. Bleiben Sie noch ein paar Minuten in Ihrer Wohlfühlecke und konzentrieren Sie sich auf Ihre Atmung. Dann gehen Sie ins Bett und praktizieren Sie diese bewusste Atmung auch dort weiter. Atmen Sie sich in einen tiefen, friedlichen Schlaf hinein.

Wenn alles schief geht

Wir alle erleben Tage, Wochen, manchmal auch längere Zeiten, in denen wir bis zum Äußersten gefordert sind – eine Zerreißprobe für unsere Nerven. Dann geraten wir schon beim kleinsten Anlass aus der Fassung und benehmen uns daneben; vielleicht sind wir sogar richtig unhöflich. In solchen Zeiten sind wir manchmal ziemlich unflexibel, legen strenge Maßstäbe an uns selbst und andere Menschen an und stellen viel zu hohe Erwartungen. Normalerweise würden wir es vielleicht nicht so schwer nehmen, wenn unser Zug Verspätung hat oder unser Kind oder Hund krank wird. Doch es gibt Zeiten, in denen sich die ganze Welt gegen uns verschworen zu haben scheint; irgendwie geht alles schief. In solchen Zeiten ist es besonders wichtig, innezuhalten und eine innere Bestandsaufnahme zu machen.

Vielleicht sind Sie sich Ihres Fehlverhaltens bewusst, haben aber das Gefühl, nichts dagegen tun zu können. Also zucken Sie einfach die Achseln und denken, dass das mit der Zeit schon wieder vorbeigehen wird. Aber Sie brauchen nicht zu warten, bis es vorbeigeht. Denn die negative Energie solcher Zeiten schadet Ihnen und den Menschen in Ihrer Umgebung.

Sie können etwas ganz Einfaches tun, auch wenn Ihnen das in dieser Situation vielleicht völlig abwegig erscheint: Lächeln Sie. Und wenn Ihre Gesichtsmuskeln nicht mitmachen und Ihre gerunzelte Stirn den Kampf gewinnt, ziehen Sie Ihre Mundwinkel einfach mit den Fingern auseinander.

Schon dieses erzwungene Lächeln wird Ihre Stimmung heben. Atmen Sie dabei und machen Sie sich nichts daraus, wenn Ihnen das alles ziemlich albern vorkommt. Verziehen Sie Ihr Gesicht immer wieder zu einem Lächeln, bis Sie spüren, wie die innere Anspannung von Ihnen abfällt. Irgendwann können Sie dann vielleicht sogar laut über sich selbst und die verzweifelten Bemühungen lachen, die Sie unternehmen, damit alles so läuft, wie Sie es sich wünschen.

Die Welt ist eben nicht immer kooperativ. Auch das hat seine lustigen Seiten; man muss sie nur erkennen. Also lächeln Sie gerade dann, wenn Sie am wenigsten Grund dazu haben; dann werden Ihre unerfüllten Erwartungen Sie nicht kleinkriegen.

Aus jeder Situation das Beste machen

Meistens hetzen wir in so atemberaubendem Tempo durchs Leben, dass wir die Blumen am Wegesrand gar nicht mehr sehen. Das mag eine Binsenweisheit sein – und doch ist etwas Wahres daran. Uns geht es immer nur um unser Ziel; den Weg dorthin empfinden wir lediglich als notwendiges Übel. Bei allem, was wir tun, konzentrieren wir uns ausschließlich auf das Ziel oder Resultat – selbst wenn es nur eine einfache Hausarbeit oder ein kleiner Wochenendausflug ist. Wir erledigen unsere Alltagsaktivitäten so mechanisch, dass wir den größten Teil unseres Tages wie in Trance verbringen.

Wenn Ihr Weg mit Hindernissen gespickt zu sein scheint und Sie gereizt und ungeduldig darauf reagieren, nehmen Sie sich einmal einen Moment Zeit und versuchen Sie herauszufinden, worüber Sie sich eigentlich so aufregen. Sind Sie in Gedanken schon bei Ihrem Ziel, obwohl es in Wirklichkeit noch in weiter Ferne liegt? Wenn Sie das nächste Mal im Stau stehen, achten Sie auf Ihre Reaktion. Ärgern Sie sich, weil Sie wegen dieses Verkehrsstaus zu spät ans Ziel kommen werden oder weil Sie sich in solchen Situationen so hilflos fühlen?

Denken Sie über das Wie und Warum Ihrer Gefühle nach. Denn das ist eine wunderbare Gelegenheit, sich selbst besser kennen zu lernen. Und es ist auch eine gute Chance, einen weiteren Schritt Richtung inneren Frieden zu gehen. Sie können nirgendwohin gehen, nichts an der Situation ändern – und haben jetzt endlich einmal ein bisschen Zeit für sich selbst, die Sie sonst vielleicht nie gefunden hätten. Also atmen Sie tief durch und beruhigen Sie sich. Genießen Sie diese Zeit wie ein Geschenk, statt auf Ihr Missgeschick zu schimpfen.

Haben Sie schon einmal auf die Uhr geschaut, um zu sehen, wie lange es dauert, bis die Ampel auf Grün schaltet? Wenn Sie das nächste Mal an der Ampel warten und ungeduldig mit den Fingern aufs Lenkrad trommeln, atmen Sie ein paar Mal tief durch und schauen Sie tatsächlich so lange auf die Uhr, bis die Ampel auf Grün geschaltet hat. Diese Zeit scheint nämlich viel schneller zu vergehen, wenn Sie ruhig und entspannt sind, als wenn Sie hektisch und nervös reagieren. Auch das Warten an der Ampel ist eine gute Gelegenheit, einmal eine kleine Verschnaufpause einzulegen und innerlich zur Ruhe zu kommen.

Und wenn Sie in der Warteschlange an der Theaterkasse stehen und Ihnen das alles viel zu langsam geht, dann unterhalten Sie sich lieber mit Ihrem Vordermann über die bevorstehende Aufführung, statt über die schlechte Organisation zu jammern. Oder nutzen Sie die gewonnene Zeit einfach, um in das Wunder inneren Friedens einzutauchen und zu atmen. Dann werden Sie den anschließenden Abend viel intensiver genießen können.

Es atmen lassen

Wenn Sie immer mehr Zeit in der inneren Stille verbringen und Ihre Konzentration sich allmählich verbessert, werden Ihnen vielleicht ein paar Dinge auffallen. Zunächst einmal: Sie werden Ihre Gedanken nie ganz abschalten können, auch wenn das vielleicht Ihr höchstes Ziel ist. Aber die Zeitspannen, in denen Ihre Gedanken sich kaum noch in Ihre Meditation einmischen, werden immer länger und immer häufiger werden. Und diese Augenblicke der Stille sind eine gute Vorbereitung auf den Ansturm der Gedanken, der ganz sicher früher oder später kommen wird. Und wenn es dann so weit ist, nutzen Sie Ihre neu gewonnene Fähigkeit der Konzentration und inneren Stärke, um diese Gedanken einfach als das wahrzunehmen, was sie sind, und sie weiterziehen zu lassen. Registrieren Sie jeden Gedanken, atmen Sie tief ein und aus und warten

Sie auf den nächsten Gedanken – aber versuchen Sie Ihren Gedanken nicht nachzuhängen.

Während Sie still dasitzen, sich auf Ihre Atmung konzentrieren und Abstand von Ihren Gedanken gewinnen, wird Ihnen Ihre Atmung auf ganz neue, überraschende Art und Weise zum Bewusstsein kommen. Irgendwann haben Sie dann vielleicht sogar den Eindruck, gar nicht selbst zu atmen, sondern *geatmet zu werden.* Das ist ein seltsam befreiendes Gefühl, das Sie sich wahrscheinlich kaum vorstellen können, solange Sie es nicht selbst erlebt haben. Doch wenn Sie diese Übung des Atmens, Denkens und Nicht-Denkens immer weiter praktizieren und *sich dabei atmen lassen,* werden Sie diese Erfahrung garantiert irgendwann machen.

Singen

Haben Sie sich schon einmal gefragt, warum Gesänge oder Sprechgesänge in den meisten religiösen Zeremonien eine so wichtige Rolle spielen? Selbst Sportwettkämpfe – für viele Menschen eine Art Religionsersatz – werden häufig mit der Nationalhymne eingeleitet. Singen ist eine wunderbare Ausdrucksform und dabei gleichzeitig auch noch gesund.

Wenn Sie das nächste Mal in sich ruhen und sich auf Ihre Atmung konzentrieren, beginnen Sie langsam eine Melodie zu singen. Am besten, Sie wählen dazu ein Lied aus, das Sie nicht gut kennen; denn dann müssen Sie sich auf jede Silbe konzentrieren, und das wird alle ablenkenden Gedanken ausschalten, sodass Ihre Konzentration sich noch mehr vertieft. Achten Sie auch während des Singens weiter auf Ihre Atmung. Holen Sie jeden Ton tief aus dem Bauch heraus, genau wie Ihre

Atemzüge. Wenn Sie dabei gerade sitzen, werden die Atemzüge und Töne mühelos aus Ihnen herausfließen.

Experimentieren Sie ruhig ein bisschen mit dem Tempo und der Lautstärke Ihres Gesangs. Sie können zum Beispiel ganz langsam und leise beginnen und dann allmählich immer lauter und schneller singen. Und anschließend sitzen Sie noch ein paar Sekunden lang still. Tauchen Sie ganz tief in diese Stille ein. Jetzt werden die Geräusche um Sie herum wahrscheinlich deutlicher in Ihr Bewusstsein dringen als sonst: Das Vogelgezwitscher draußen vor dem Fenster kommt Ihnen vielleicht besonders heiter und melodisch vor; und das Trommeln der Regentropfen an den Fensterscheiben vermittelt Ihnen ein nie gekanntes Gefühl der Wärme und Geborgenheit. Vielleicht entdecken Sie sogar ein paar ganz neue Geräusche. Atmen Sie einfach weiter. Sie werden feststellen, dass Ihre Atmung sich durch das Singen verändert hat. Ihr Herz und Ihr Zwerchfell sind offener als sonst, sodass Ihre schweigenden Atemzüge in der Stille wahre Wunder bewirken können.

Innere Stille

Still sitzen, konzentriert atmen, beten und singen – all das sind Techniken, um den unablässigen inneren Dialog unserer Gedanken zur Ruhe zu bringen, sodass unser wahres Ich wieder zum Vorschein kommen kann. Doch da es in unserem Leben solch ein Überangebot an äußeren Reizen gibt, ist es nicht einfach, diese innere Stille zu finden. In manchen Meditationssitzungen werden Sie sie vielleicht überhaupt nicht finden. Lassen Sie sich dadurch nicht entmutigen. Mit der Zeit wird sie sich schon einstellen.

Ihr Geist wird ganz ruhig werden. Und wenn Ihr Geist ruhig wird, dann wird auch Ihre Seele ruhig. In dieser Stille können Sie all Ihre Gedanken und Verhaltensmuster aus einer gewissen Distanz betrachten. Sie sehen Ihren Platz in der Welt plötzlich viel klarer und sind nicht mehr so verwirrt. Antworten auf quälende Fragen und Probleme scheinen plötzlich aus dem Nichts in Ihnen aufzusteigen. Das ist zwar eigentlich ganz einfach – aber doch nicht leicht. Sitzen Sie einfach still da und atmen Sie langsam und tief ein sowie aus, dann wird automatisch Ruhe in Ihren Geist einkehren.

Woher kommen die Gedanken?

Sobald Sie mehr Zeit in der inneren Stille zubringen, bewusst atmen und Ihre Gedanken beobachten, konzentrieren Sie sich einmal ein paar Meditationssitzungen lang auf den Ursprung dieser Gedanken. Woher kommen sie? Wo entstehen sie? Warum haben Sie jetzt im Moment gerade diesen Gedanken und keinen anderen? Beobachten Sie einmal, wie Ihr Gehirn arbeitet.

Denn sobald Sie die verschlungenen Windungen Ihres Gehirns und die unzähligen Gedanken, die ständig in Ihnen aufsteigen, aus einer gewissen Distanz betrachten, werden Sie auch sich selbst aus einer ganz neuen Perspektive sehen – schon allein dadurch, dass Sie Ihr Tempo verlangsamen und auf Ihren eigenen inneren Rhythmus hören. Schon diese Bereitschaft wird Ihr Leben von Grund auf verändern.

Nur allzu häufig hat Ihr Verstand »seinen eigenen Kopf«: Wie oft Sie ihn auch dazu auffordern, doch endlich einmal den Mund zu halten – wenn er beschäftigt sein und seine übliche Geräuschkulisse erzeugen will, dann wird er das auch tun. Und während Sie dem Lärm Ihrer Gedanken lauschen, fragen Sie sich doch einmal, warum diese Gedanken eigentlich existieren. Was ist die treibende Kraft dahinter, wenn nicht Sie selbst? Die Antwort auf diese Frage wird nicht leicht zu finden sein. Vielleicht finden Sie sie nie. Doch um in dieser Welt ein gewisses Maß an Gelassenheit zu erreichen, ist es wichtig, sie trotzdem zu stellen.

Das Wesen der Konzentration

Fruchtsaftkonzentrat ist nichts anderes als Saft, dem man das Wasser (einen unwesentlichen Bestandteil) entzogen hat. Doch in seiner reinen Form würden Sie diesen Saft sicher nicht trinken wollen. Ehe Sie ihn trinken können, muss man ihm diesen unwichtigen Bestandteil – das Wasser – erst wieder hinzufügen.

Mit der Meditation und der Zeit, die Sie für Ihren inneren Frieden verwenden, ist es ganz ähnlich: Dies ist eine Methode, für kurze Zeit alle unwesentlichen Zutaten aus Ihrem Leben auszuschalten. Und genau wie beim Fruchtsaft werden Sie irgendwann feststellen, dass nichts unwesentlich ist. Doch diese Entdeckung können Sie nur machen, wenn Sie eine gewisse Zeit in einem Zustand absoluter Stille und Konzentration verbracht haben.

Es gibt viele Konzentrationstechniken. Experimentieren Sie ruhig ein bisschen damit und entscheiden Sie sich dann einfach für diejenigen, die bei Ihnen am besten funktionieren. Sie können beispielsweise ein Wort in Gedanken ständig wiederholen und sich dabei auf seine Form und seine einzelnen Laute konzentrieren. Wählen Sie ein Wort aus, das keine Bedeutung für Sie hat – am besten ein Wort aus einer fremden Sprache. Oder konzentrieren Sie sich auf ein Bild. Stellen Sie sich irgendetwas vor oder legen Sie einen Gegenstand vor sich hin und richten Sie Ihre ganze Aufmerksamkeit auf dieses innere Bild oder äußere Objekt. Und vergessen Sie dabei das Atmen nicht! Ihre Atmung ist eine weitere wichtige Konzentrationstechnik. Zählen Sie Ihre Atemzüge; richten Sie Ihre ganze Konzentration auf Ihre Atmung. Und wenn Sie es nicht schaffen, sich einen ganzen Atemzug lang zu konzentrieren, dann konzentrieren Sie sich nur auf das Ein- oder Ausatmen; oder lassen Sie Ihrer Atmung einfach ihren Lauf und beobachten Sie sie. Sie können sich auch auf einen Satz konzentrieren, den Sie in Gedanken ständig wiederholen. Am wirksamsten ist diese Konzentrationstechnik vielleicht, wenn Sie dafür einen Satz wählen, der Ihre Aufmerksamkeit auf den jetzigen Augenblick lenkt.

Sobald Ihre Konzentrationsfähigkeit sich verbessert, werden alle Aspekte Ihres Lebens, die Sie früher für unwichtig, vielleicht sogar lästig gehalten haben, entweder in den Hintergrund treten oder sich mühelos und wie selbstverständlich in Ihr Leben integrieren. Sie werden ruhiger werden und Dinge, die Ihnen vorher unerträglich erschienen, viel leichter akzeptieren können. Das Wie und Warum dieses Prozesses wird Ihnen höchstwahrscheinlich verborgen bleiben. Aber es ist ja letzten Endes auch gleichgültig.

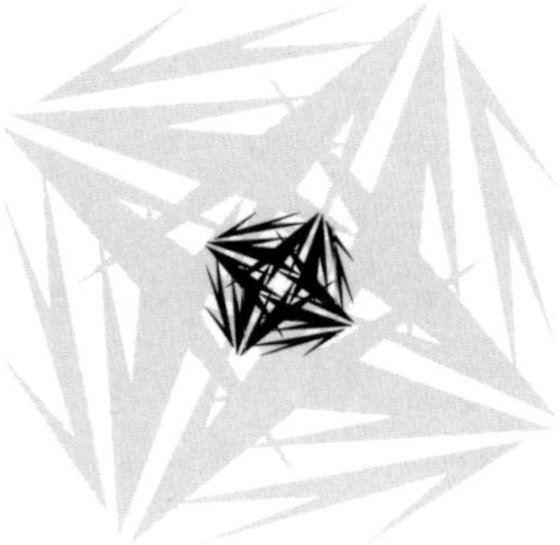

Liebe

Was hat mein innerer Friede denn mit Liebe zu tun?, werden Sie sich jetzt vielleicht fragen. Wenn ich mich jeden Tag für eine gewisse Zeit von der Welt zurückziehe und ganz allein an meinem Ort der Ruhe verweile, dann enthalte ich diese Zeit doch anderen Menschen vor, mit denen ich gern zusammen bin und denen ich meine Liebe zeigen möchte! All das sind berechtigte Fragen und wenn Sie so weit sind, sie zu stellen, dann sind Sie wahrscheinlich auch bereit für die Antworten.

Wenn Sie sich für den Weg der Meditation entschieden haben, wird sich das auf jede Faser Ihres Seins, auf alle Aspekte Ihres Lebens auswirken.

Anfangs werden das nur ganz geringe, kaum merkliche Veränderungen sein. Doch im Laufe der Zeit werden Sie erkennen, wie tief greifend diese Veränderungen in Wirklichkeit sind. Durch die Konzentrationsübungen in der Stille werden Sie bewusster werden, und das wird Sie zu einem toleranteren, geduldigeren Menschen machen. Und Ihre Geduld und Toleranz werden sich wiederum auf Ihren Umgang mit sich selbst und anderen Menschen auswirken.

Je weiter Sie innerlich wachsen, umso mehr Mitgefühl werden Sie empfinden und zum Ausdruck bringen können. Sobald Sie sich selbst und die Motive hinter Ihrem Verhalten besser verstehen, werden Sie auch Ihren Mitmenschen mehr Verständnis und Wertschätzung entgegenbringen und sie bedingungsloser lieben können.

Sie werden dann auch nicht mehr so hohe Erwartungen an andere Menschen stellen wie früher, und in Ihrem Leben wird mehr Platz und mehr Zeit für die Liebe sein. Wenn Sie sich täglich ein bisschen Zeit für Ihren inneren Frieden nehmen, wird das unendlich viel Liebe in Ihr Leben bringen.

Also lieben Sie zunächst einmal sich selbst genug, um das Wunder inneren Friedens zu finden. Als Lohn dafür wird Ihnen mehr als genug Liebe zuteil werden. Denn sich und andere Menschen zu verstehen, ist der Schlüssel zur Liebe. Also ziehen Sie sich einfach in die Stille zurück und atmen Sie.

Entwicklung, nicht Perfektion

Wenn Sie ein ähnlicher Mensch sind wie ich, werden Sie sich nur ungern mit etwas zufrieden geben, das nicht perfekt ist. Doch eine solche Einstellung führt zu endlosen Enttäuschungen, Vorwürfen und Schuldzuweisungen.

Und oft werden die anderen Menschen dann den Spieß umdrehen und die Schuld wiederum Ihnen zuschieben. Das ist ein so negativer, mit Werturteilen befrachteter Prozess, dass dadurch ernsthafter Schaden entstehen kann. Also wollen wir ihn lieber gleich von vornherein im Keim ersticken.

Wenn Ihnen dieses Buch nichts anderes vermittelt als die Erkenntnis, dass das Leben in all seinen Aspekten unberechenbar und in ständigem Wandel begriffen ist und sich unserer Kontrolle entzieht, so ist das schon genug. Wenn Sie durch die Lektüre dieses Buches langsam, aber sicher begreifen, dass Sie perfekt so sind, wie Sie sind, bin ich schon zufrieden.

Und wenn Sie beschließen, sich auf die Suche nach dem Wunder inneren Friedens zu begeben, ohne irgendwelche Erwartungen daran zu knüpfen, dann habe ich mein Ziel erreicht.

Wir alle sind perfekt so, wie wir sind. Und auch alles in unserem Leben ist perfekt so, wie es ist. Allerdings glauben das nur die wenigsten Menschen. Doch wenn wir akzeptieren, dass wir vielleicht doch nicht ganz perfekt sind, unser Streben nach Perfektion aufgeben und uns einfach auf unseren Entwicklungsprozess konzentrieren – dann *ist* das Perfektion.

In der Begegnung mit der Stille können Sie diese Art der Perfektion erleben. Denn dort ist alles perfekt – auch Sie selbst.

Wenn Sie Ihren Ort der Ruhe betreten, lassen Sie Ihren inneren Richter draußen. Und sobald Sie gelernt haben, in der Zeit der Stille ohne diesen Richter auszukommen, versuchen Sie ihn auch aus allen anderen Bereichen Ihres Lebens auszuklammern. Dann werden Sie ihn bald endgültig los sein, sodass er Ihre Fortschritte auf dem Weg der Meditation nicht mehr behindern wird. Auch das ist Perfektion.

Malen und Schreiben

Wenn Sie ein visuell orientierter Mensch sind und hauptsächlich anhand optischer Eindrücke lernen, sollten Sie auf Ihrer Suche nach innerem Frieden vielleicht zu malen oder zu zeichnen beginnen. Und falls Sie das bereits tun, dann ändern Sie dabei Ihre Malgewohnheiten, um eine neue Perspektive einzunehmen. Wenn Sie normalerweise am Schreibtisch malen, dann versuchen Sie es jetzt zur Abwechslung einmal auf dem Fußboden; wenn Sie bisher immer an einer Staffelei gearbeitet haben, tun Sie es jetzt an einem Tisch. Falls Sie momentan noch nicht malen oder zeichnen, es aber gern lernen möchten, experimentieren Sie dabei mit verschiedenen Arbeitsplätzen und Positionen. Beschließen Sie jede Mal- oder Zeichensitzung an Ihrem Ort der Ruhe, indem Sie still dasitzen und sich auf Ihre Atemübungen konzentrieren.

Die Zeit, in der Sie malen oder zeichnen, können Sie nutzen, um sich auf die Gedanken zu konzentrieren, die während der Meditation in Ihnen aufsteigen. Gibt es bestimmte Gedanken, die immer wiederkehren? Wie sehen sie aus? Malen oder zeichnen Sie diese Gedanken und nehmen Sie sie genau unter die Lupe. Wo sind Sie selbst in diesem Bild? Sind Sie von einer Wolke des Zorns umgeben? Wie sieht diese Wolke aus? Aber versuchen Sie diese Bilder nicht zu bewerten. Sie sind einzig und allein für Ihre Augen bestimmt. Wenn Sie wollen, können Sie sie nach jeder Sitzung zerreißen. Das wäre ein wichtiger erster Schritt auf dem Weg zur Disziplin der inneren Distanz.

Wenn Sie eher in Worten als in Bildern denken und am besten anhand schriftlicher Texte lernen, können Sie auf Ihrem Weg zu innerem Frieden ein Tagebuch führen. Legen Sie dazu einen Stift und ein eigenes Notizbuch an Ihrem Ort der Ruhe bereit. Bewahren Sie sie an einer Stelle auf, zu der nur Sie Zugang haben. Irgendwann werden Sie diese Tagebucheinträge vielleicht einem Freund oder engen Vertrauten zeigen wollen; doch solange Sie an Ihrem Tagebuch schreiben, tun Sie so, als seien Sie der einzige Mensch, der diese Texte je zu Gesicht bekommen wird.

Denn dann wird es Ihnen viel leichter fallen, ehrlich zu sein und sich all Ihre Gedanken und Gefühle von der Seele zu schreiben.

Jedes Mal, wenn Sie Ihren Ort der Ruhe betreten, sitzen Sie zunächst einmal eine Zeit lang schweigend da, machen Sie Ihre Atemübungen und beobachten Sie dabei Ihre Gedanken. Dann schreiben Sie Ihre Gedanken und Gefühle nieder. Anschließend sollten Sie wieder ruhig dasitzen, um festzustellen, ob sich in der Zwischenzeit etwas verändert hat. Oft befreit das Schreiben Sie von Gedanken, die sich in Ihrem Kopf festgefahren haben. Auch überwältigende Gefühle nehmen eine viel überschaubarere Dimension an, wenn man sie einem Tagebuch anvertraut. Und gleichzeitig lernt man dabei auch noch eine Menge über sich selbst.

Sich innerlich durch Schreiben, Malen oder Zeichnen zu befreien, ist ein guter Weg zur Selbsterkenntnis. Und wenn Sie diese Selbsterkenntnis erlangt haben, werden Sie auch außerhalb Ihrer Zeit der Stille eine geschärfte Beobachtungsgabe entwickeln und mehr Toleranz üben.

Wie klingt das Klatschen einer Hand?

Dieses Zen-Rätsel ist schon unzählige Male zitiert worden. Man hat es verstanden oder missverstanden, ernst genommen oder Witze darüber gemacht. Auf den ersten Blick scheint das eine ziemlich belanglose, lächerliche Frage zu sein. Doch wenn Sie in der Stille an Ihren Konzentrationstechniken arbeiten, können gerade solche Fragen Ihnen gute Dienste leisten.

Als Kind verwirrte mich die Vorstellung von Gott und der Ewigkeit; doch gleichzeitig faszinierte sie mich auch.

Meine Freunde und ich wurden es nie müde, darüber nachzugrübeln: »Aber wenn Gott immer schon da war, wer hat ihn denn dann erschaffen, und wann hat er angefangen zu existieren?« Die Vorstellung eines Anfangs ohne Anfang und eines Endes ohne Ende war zu viel für unsere kleinen Gehirne. Und auch jetzt, als erwachsener Mensch, kann ich mir das alles immer noch nicht richtig vorstellen. Aber inzwischen frustriert es mich nicht mehr so sehr, über solche Dinge nachzudenken.

Inzwischen faszinieren mich ganz andere Fragen, zum Beispiel: »Wenn im Wald ein Baum umfällt, und niemand hört es, macht dieser Baum dann ein Geräusch oder nicht?«

Vielleicht gibt es auf diese Frage viele Antworten, vielleicht aber auch keine einzige; das spielt letzten Endes gar keine Rolle. Ich lasse mir solche paradoxen Fragen einfach gern im Kopf herumgehen. Das Nachdenken darüber lenkt mich von meinen banalen Alltagsproblemen ab und zwingt mich zur Konzentration.

Solche Fragen sind ein wunderbarer Weg, Ihr Konzentrationsvermögen zu stärken. Sobald Sie Ihren inneren Frieden gefunden und sich eine Zeit lang auf Ihre Atmung konzentriert haben, überlegen Sie sich irgendeine Frage, über die Sie sich schon einmal vergeblich den Kopf zerbrochen haben; und dann sitzen Sie still da und versuchen Sie an nichts anderes zu denken als an diese Frage.

In diesem Stadium Ihrer Meditationspraxis ist es vielleicht sinnvoll, sich von jemandem beraten zu lassen, der sich schon seit längerem mit solchen Fragen beschäftigt. Doch vorläufig genügt es, sich einfach in die Stille zurückzuziehen, zu atmen und sich zu fragen: »Wie klingt das Klatschen einer Hand?«

Wer sind Sie? Woher kommen Sie? Wohin gehen Sie?

Auf den ersten Blick scheinen das ganz einfache Fragen zu sein. Und wahrscheinlich beantworten Sie sie ziemlich oft, vor allem, wenn Sie sich jemandem vorstellen oder anderen Leuten etwas über Ihr Leben erzählen. Doch wenn Sie sich in Ihrer Zeit der Stille einmal ein bisschen intensiver mit diesen Fragen beschäftigen, über ihren wahren Sinn und sämtliche Antworten nachdenken, die darauf möglich sind, wird Ihnen klar werden, dass Ihre Existenz sich nicht nur auf einen Namen, eine Adresse und einen Beruf beschränkt – auch wenn Sie anderen Menschen natürlich weiterhin diese Auskunft geben werden.

Wahrscheinlich haben wir alle schon einmal darüber nachgedacht, was eigentlich mit uns passiert, wenn wir sterben. Viele Menschen glauben fest an ein Weiterleben nach dem Tod. Doch wie viele haben sich auch schon einmal Gedanken darüber gemacht, was eigentlich mit uns war, ehe wir auf die Welt kamen? Wenn nach unserem Tod etwas mit uns geschieht, warum dann nicht auch vor der Geburt?

Vielleicht gibt es darauf keine einfache Antwort – oder unendlich viele Antworten. Dennoch kann es faszinierend sein, über solche Fragen nachzudenken, und gleichzeitig lernen Sie dabei auch noch eine Menge über sich selbst.

Also ziehen Sie sich einmal in die Geborgenheit Ihrer inneren Ruhe zurück und wenn Sie sich dazu bereit fühlen, fragen Sie sich, wer Sie eigentlich wirklich sind, wenn man Ihren Namen, Ihre Persönlichkeit und all die anderen äußeren Dinge einmal außer Acht lässt. Woher kommen Sie – abgesehen davon, dass Sie im Bauch Ihrer Mutter heranwuchsen?

Denken Sie an den Zeitpunkt Ihres Todes und fragen Sie sich, was wohl danach kommen wird. Es spielt keine Rolle, ob Ihnen keine oder viele Antworten auf diese Fragen einfallen; denn schon allein das Nachdenken darüber kann Ihnen wichtige Erkenntnisse über Ihr Leben vermitteln. Und dann wird auch die Auseinandersetzung mit Ihrem Chef oder die Sorge um Ihre Finanzen plötzlich einen ganz anderen Stellenwert bekommen. Sie werden Ihren Platz in der Welt aus einer neuen Perspektive sehen. Das ist der Grund, warum wir uns auf dem schweigsamen Weg des inneren Friedens solche Fragen stellen, auf die es keine Antwort zu geben scheint.

Entspannen Sie sich

Faul in der Sonne zu liegen, in einem heißen, duftenden Bad zu versinken, sich mit einem guten Roman in eine Sofaecke zu kuscheln oder am Ufer eines einsamen Baches zu angeln – all das sind angenehme und völlig legitime Methoden, uns vom Stress unseres hektischen Alltagslebens zu erholen. Die meisten Menschen entspannen sich bei solchen Freizeitaktivitäten. Doch die Entspannung, die Ihnen das Eintauchen in den inneren Frieden bietet, hat eine ganz andere Qualität und lässt sich nicht mit den üblichen Freizeitbeschäftigungen vergleichen.

In Ihrer Ruhepause liegt häufig eine gewisse Spannung in der Luft. Diese innere Anspannung rührt daher, dass Sie sich auf Ihre Atmung oder irgendeine unlösbare Frage konzentrieren, Ihre unangenehmen Gedanken und Gefühle beobachten, still sitzen und gezwungen sind, sich selbst und all Ihren Fehlern und Unzulänglichkeiten ins Auge zu sehen. Selbst jetzt, während Sie dieses Buch lesen, denken Sie vielleicht, dass es viel angenehmer sei, sich in einen schönen Roman zu vertiefen, als eine solche Atmosphäre der inneren Anspannung zu schaffen. Und an manchen Tagen ist so eine einfache, anspruchslose Freizeitaktivität vielleicht auch tatsächlich die bessere Alternative. Dennoch lohnt es sich, solche Zeiten der inneren Anspannung an Ihrem Ort der Ruhe zu verbringen – und auf jeden Fall ist es besser als ein Sonnenbrand.

Es gibt eine einfache Übung, mit deren Hilfe Sie den ständigen Wechsel zwischen Anspannung und Entspannung intensiver spüren und genießen können. Legen Sie sich flach auf den Rücken und strecken Sie Ihre Arme rechts und links neben sich aus; die Handflächen zeigen nach oben. Achten Sie darauf, wie sich Ihr Körper anfühlt. Spüren Sie irgendwo Verspannungen? Heben Sie ein Bein vom Boden ab – nur ein paar Zentimeter –, spannen Sie dabei Ihre Beinmuskeln so fest an, wie Sie können, bleiben Sie eine Zeit lang in dieser Position und lösen Sie die Spannung dann wieder. Legen Sie Ihr Bein auf den Boden zurück und praktizieren Sie das Gleiche anschließend mit dem anderen Bein sowie mit Armen, Hüften, Rumpf, Schultern und Kopf. Wenn Sie den Kopf heben, kneifen Sie die Augen zusammen und runzeln Sie die Stirn; ziehen Sie Ihr ganzes Gesicht in Falten. Halten Sie diese Spannung ein paar Sekunden lang und lösen Sie sie dann wieder. Wie fühlt sich Ihr Körper jetzt an? Ist er weniger verspannt? Lockerer?

Wenn Sie in einem Zustand der inneren Anspannung Ihre Zeit der Stille verbringen, werden Sie allmählich immer deutlicher erkennen, wie Anspannung sich in Ihrem täglichen Leben äußert und wie Sie sie lindern können. Das Gefühl der Entspannung, das Sie nach einer intensiven Meditationssitzung an Ihrem Ort der Ruhe erleben, zeigt sich in Form einer freudigen, gesteigerten Bewusstheit. Wahrscheinlich werden Sie sich in diesem Zustand öfters bei einem Lächeln ertappen. Sie werden innerlich ruhiger und gelassener sein. Und früher oder später werden Sie diesen Zustand auch auf andere Aktivitäten übertragen und lernen, sich in allen Lebenssituationen zu entspannen.

Geräusche

Kirchenglocken, Vogelgezwitscher, Meeresrauschen ... Viele Menschen empfinden solche Geräusche als angenehm. Schrille Autohupen, dröhnende Presslufthämmer, laute Musik, Verkehrslärm ... Diese Geräusche sind uns vielleicht eher lästig. Und wenn wir gereizt sind oder unsere Ruhe haben wollen, missfällt uns manchmal jedes noch so kleine Geräusch.

Zwar dreht es sich in diesem Buch um das Thema Stille als Voraussetzung für den inneren Frieden, doch nehmen Sie diesen Begriff nicht zu wörtlich. Natürlich: Je mehr Ruhe herrscht, umso besser; aber suchen Sie nicht nach einem Ort der Ruhe, der hermetisch von der Umwelt abgeriegelt ist und in dem Totenstille herrscht. Im Gegenteil: Es kann sogar positiv sein, wenn ein paar Geräusche hineindringen.

Wenn Sie sich auf Ihre Atmung oder irgendeine Frage konzentrieren, werden Sie dabei vielleicht ab und zu durch Verkehrslärm oder das Geschrei der Nachbarskinder gestört. Ärgern Sie sich nicht über solche Geräusche, sondern konzentrieren Sie sich einfach darauf. Warum stört das Geräusch Sie? Welche Gefühle oder Erinnerungen weckt es in Ihnen? Und was können Sie dagegen tun?

Wenn Sie mit dieser Einstellung an die Sache herangehen, werden Sie vielleicht bald merken, dass der Lärm abgeebbt ist oder Sie ihn zumindest nicht mehr als so lästig empfinden. Vielleicht akzeptieren Sie ihn dann sogar als einen Teil Ihrer Umgebung und lassen sich nicht mehr davon stören.

Diese innere Haltung wird sich allmählich auch auf den Rest ihres Lebens übertragen, und Sie werden lernen, alles, was um Sie herum passiert, einfach zu akzeptieren, ohne sich darüber zu ärgern oder etwas daran ändern zu wollen.

Wenn Sie besonders geräuschempfindlich sind und es an Ihrem Ort der Ruhe ein paar unangenehme Geräusche gibt, die Sie stören, werden Ihnen mit Sicherheit auch einige angenehme Geräusche auffallen, die

Sie vorher noch nie bemerkt haben – zum Beispiel das leise, gleichmäßige Ticken einer alten Uhr oder das Pfeifen eines Zuges in der Ferne. Wenn Ihr Geist zur Ruhe kommt, wird auch in Ihre Umgebung Ruhe einkehren. Und wie man seinen Geist zur Ruhe bringt, das können Sie in der Stille inneren Friedens lernen.

Durcheinander

Jede Unordnung beeinträchtigt unseren spirituellen Fortschritt. Wenn wir unseren Tag mit unzähligen Projekten anfüllen, haben wir keine Zeit mehr für uns selbst. Und wenn wir unsere äußere Umgebung mit tausend unnützen Gegenständen voll stopfen, finden wir uns in unseren eigenen vier Wänden nicht mehr zurecht. Achten Sie einmal auf die Atmosphäre der Ruhe und Ordnung in Galerien und Museen: Dort geht es nur um die ausgestellten Kunstwerke; alles, was nicht dazugehört, hat keinen Platz darin.

Eigentlich ist es ganz einfach, in Ihrem Leben aufzuräumen und dafür zu sorgen, dass keine neue Unordnung mehr entsteht. Beginnen Sie damit an Ihrem Ort der Ruhe. Halten Sie diesen Platz stets sauber und ordentlich und genießen Sie die beruhigende Wirkung, die eine solche aufgeräumte Umgebung auf Sie hat. Wäre es nicht wunderbar, diese Ruhe und Gelassenheit in alle Bereiche Ihres Lebens einkehren zu lassen? Achten Sie einmal einen Tag lang auf all Ihre Aktivitäten und bemühen Sie sich, dabei keine unnötige Unordnung zu schaffen. Der erste Schritt dazu ist Bewusstheit; und in dieser Haltung der Bewusstheit können Sie sich von dem Wunder inneren Friedens leiten lassen.

Schönheit

Ob Sie nun einen Ort der Ruhe bei sich zu Hause haben, an den Sie sich jederzeit zurückziehen können, oder sich einen neuen Ort immer wieder schaffen müssen – es sollte auf jeden Fall immer irgendetwas Schönes darin sein. Ein ordentlich aufgeräumtes Plätzchen, das Ihr ästhetisches Empfinden anspricht, wird Sie mit einem Gefühl der Ruhe und des inneren Friedens erfüllen. Dazu brauchen Sie nicht unbedingt viel Geld zu investieren; Sie können den gewählten Ort auch mit ganz einfachen Dingen verschönern.

Stellen Sie eine Vase mit einer frischen Blume dorthin. Oder legen Sie eine große, schöne Muschel neben den Kerzenständer oder das Räuchergefäß. Sie können auch ein Foto von einer schönen Landschaft an die Wand hängen.

Wenn Sie an Ihrem Ort des Friedens schreiben oder zeichnen möchten, schaffen Sie sich einen Zeichenblock oder ein Notizbuch mit besonders kunstvoll gestaltetem Einband an. Sie können den Block oder das Buch auch in ein seidenes Tuch hüllen und in einer Schublade aufbewahren. Und kaufen Sie sich einen besonders schönen Pinsel oder Füllfederhalter. Als Ritual Ihrer Verabredung mit sich selbst könnte dann zum Beispiel dienen, dass Sie Ihr Tagebuch aus dem Seidentuch wickeln und das Tuch anschließend ordentlich zusammenfalten oder über ein Kissen legen, um Ihre Wohlfühlecke damit zu dekorieren.

Je mehr Zeit Sie an Ihrem Ort der Ruhe verbringen, desto intensiver wird Ihnen alles Schöne in Ihrer Umgebung zum Bewusstsein kommen. Es wird Ihnen mehr Freude bereiten, Blumen in einer Vase zu arrangieren oder den Tisch zu decken. Wahrscheinlich werden Sie jetzt Ihre ganze Umgebung schöner und ästhetischer gestalten als vorher. Schönheit verändert nicht nur Ihre Umgebung, sondern bewirkt eine viel tiefer gehende Wandlung. Experimentieren Sie in Ihrer Wohlfühlecke damit und lassen Sie Ihrer Kreativität freien Lauf.

Schmerz und Unbehagen

Ob es nun ein erlernter oder ein angeborener Impuls ist: Wir Menschen scheuen anscheinend keine Mühe, um Schmerzen zu vermeiden. Und wir sind bereit, für Genuss und Bequemlichkeit so gut wie jeden Preis zu zahlen. Das Merkwürdige daran ist nur: Wenn wir einmal darauf achten, werden wir bald merken, dass Schmerzen etwas Unvermeidliches sind. Sie gehören zum Wunder des menschlichen Lebens. Und vielleicht stellen wir auch fest, dass unser ständiges Streben nach Bequemlichkeit uns nur noch mehr Schmerzen verursacht.

Es gibt eine einfache Übung, die Sie machen können, um die unangenehmen Seiten des Lebens besser zu verstehen und zu lernen, wie man richtig damit umgeht. Setzen Sie sich bequem hin – im Schneidersitz auf den Fußboden oder aufrecht auf einen Stuhl. Ihre Wirbelsäule ist gerade; die Hände liegen locker in Ihrem Schoß. Nun beginnen Sie mit Ihren Atemübungen und nehmen sich vor, sich mindestens zehn Minuten lang nicht zu bewegen. Vielleicht verspüren Sie das Bedürfnis, sich zu kratzen oder sich die Nase zu putzen. Verkneifen Sie es sich. Sitzen Sie einfach nur regungslos da. Vielleicht schlafen Ihnen die Füße ein, oder Sie würden sich gern anders hinsetzen, damit die unangenehme Anspannung in Ihrem Nacken nachlässt. Tun Sie es nicht. Bleiben Sie ganz still sitzen. Vielleicht empfinden Sie das als völlig sinnlose Folter; doch wenn Sie diese Übung ein paar Mal gemacht haben, werden Sie viel über den Schmerz und Ihren Widerstand dagegen lernen. Wenn Sie an irgendeiner Stelle Ihres Körpers ein unangenehmes Gefühl haben, atmen Sie in diesen Körperbereich hinein und entspannen Sie sich. Akzeptieren Sie einfach, dass Sie physischen Schmerz empfinden und dass das auch noch ein paar Minuten lang so bleiben wird.

Wenn Sie diese Übung ein paar Mal wiederholt haben, wird Ihnen vielleicht auffallen, dass der Schmerz Sie von anderen Sorgen ablenkt, die Ihnen jetzt plötzlich ganz unwichtig erscheinen. Und vielleicht merken Sie auch, dass Ihr Schmerz schlimmer wird, wenn Sie sich darauf konzentrieren oder sich dagegen wehren; wenn Sie ihn dagegen einfach akzeptieren und sich auf Ihre Atmung konzentrieren, lässt er nach und verschwindet vielleicht sogar völlig. Vielleicht werden Sie diese Erfahrung nicht gleich beim ersten Mal machen; doch mit der Zeit wird sie sich einstellen. Und wenn Sie diese Übung weiterhin praktizieren, wird sich auch Ihre Einstellung gegenüber anderen unangenehmen Dingen in Ihrem Leben allmählich ändern. Je weniger Sie sich dagegen wehren, umso wohler werden Sie sich fühlen.

Innere Distanz

Die Haltung der inneren Distanz gehört vielleicht zu den Übungen, die am schwierigsten zu erlernen und zu verstehen sind. Und doch ist diese Distanz der Schlüssel zu innerer Freiheit und dem Wunder inneren Friedens. Jedes Mal, wenn Sie feststellen, dass Ihr Herz an irgendetwas hängt, fragen Sie sich: »Wie wichtig ist mir das?«

Wir alle hängen an bestimmten Menschen, Orten und Dingen. Meistens steckt dahinter nichts weiter als die Angst – Angst davor, nicht genug zu besitzen, Angst vor dem Alleinsein, vor dem Versagen und so weiter. Wir halten es für völlig normal und gerechtfertigt, uns an bestimmte Menschen und Dinge in unserem Leben zu klammern; doch in Wirklichkeit verursacht uns das großen Schmerz. Häufig wiegen wir uns in dem Glauben, diese Dinge unter Kontrolle zu haben. Erst wenn wir sie verlieren oder um sie kämpfen müssen, wird uns klar, dass wir sie in Wirklichkeit nie besessen haben.

Während Sie in sich ruhen, bietet Ihnen das eine ideale Gelegenheit, einmal darüber nachzudenken, an welchen Menschen und Dingen Sie hängen, was diese Ihnen bedeuten und wie Sie sich fühlen würden, wenn Sie sie verlören. So können Sie lernen, sich von allem, was in Ihrem Leben eine wichtige Rolle spielt, in einer Haltung der Liebe zu distanzieren. In Wirklichkeit entfernen Sie sich dadurch nicht von den Menschen, die Sie lieben; Sie werden nicht zu einem kalten, unnahbaren Menschen (wie ich früher glaubte), sondern kommen ihnen im Gegenteil näher. Sie lernen, anderen Menschen Liebe zu zeigen, ohne eine Gegenleistung dafür zu erwarten. Denn jetzt sind Sie emotional nicht mehr vom Verhalten Ihrer Mitmenschen abhängig, sondern lassen ihnen die Freiheit, ihre Liebe auf ihre eigene Art und Weise zum Ausdruck zu bringen. Und dann werden Sie auch lernen, alle Menschen so zu lieben, wie sie sind.

Das gilt auch für die Dinge, die in Ihrem Leben eine Rolle spielen: Sich von ihnen zu distanzieren, bedeutet nicht, auf sie zu verzichten oder sich nichts mehr aus Geld und all den anderen Annehmlichkeiten des Lebens zu machen. Es bedeutet lediglich, dass das Streben nach diesen Dingen kein Selbstzweck mehr für Sie ist und dass Sie ihnen keinen allzu großen Stellenwert in Ihrem Leben einräumen. Häufen Sie ruhig alle möglichen Dinge um sich herum an, wenn Sie das Bedürfnis danach haben; aber seien Sie auch jederzeit bereit, sie aufzugeben, ohne ihnen nachzutrauern. Denn wenn Sie sich innerlich bereits von diesen Dingen distanzieren, ehe Sie sie verlieren, wird es gar keine Rolle mehr spielen, ob Sie sie besitzen oder nicht.

Konzentrieren Sie sich auf das Hier und Jetzt

Letztlich besteht der Sinn unserer inneren Stille darin, unsere Aufmerksamkeit auf das Hier und Jetzt zu richten und uns bewusst zu machen, was in diesem Augenblick passiert – nicht gestern oder morgen, sondern jetzt. Der innere Friede soll unser Bewusstsein in den jetzigen Augenblick bringen und dort festhalten. Vielleicht ist Ihnen noch gar nicht bewusst geworden, dass Sie nicht immer in der Gegenwart leben. Doch wenn Sie weiterhin regelmäßig meditieren, werden Sie ein bewussterer Mensch werden; und dann werden Sie es eher merken, wenn Sie mit Ihren Gedanken wieder einmal in die Vergangenheit oder in die Zukunft abschweifen. Sobald Ihnen das auffällt, sollten Sie versuchen, Ihre Aufmerksamkeit auf Ihre Atemzüge zu richten. Ihre Atmung wird Ihnen stets helfen, sich auf die Gegenwart zu konzentrieren. Wenn Sie in solchen Augenblicken dreimal tief ein- und ausatmen, wird Ihnen wieder zu Bewusstsein kommen, wo Sie sind und wie Sie sich fühlen.

Machen Sie eine Bestandsaufnahme Ihrer jetzigen Situation. Schauen Sie sich um und nehmen Sie Ihre Umgebung bewusst wahr. Erden Sie sich mit beiden Füßen fest in der Gegenwart, indem Sie sich Ihre Schuhe einmal ganz genau anschauen. Und dann atmen Sie wieder dreimal tief ein und aus und achten auf Ihre Körperhaltung. Ist Ihr Körper irgendwo verspannt? Atmen Sie in diese Verspannung hinein und lassen Sie sie los. Was tun Sie gerade? Richten Sie Ihre ganze Aufmerksamkeit auf Ihre jetzige Aktivität – und atmen Sie. Denken Sie nicht daran, diese Aktivität zu Ende zu bringen, sondern seien Sie einfach in dieser Aktivität.

Tun Sie nicht einfach irgendetwas – sitzen Sie still

Als mir jemand vor vielen Jahren diesen Rat gab, glaubte ich, mich verhört zu haben. Da ich ein Mensch der Tat war, suchte ich ständig nach irgendeiner Beschäftigung. Ich wollte immer etwas *tun*, vor allem, wenn es mir nicht gut ging. Inzwischen habe ich begriffen, dass ich damit in Wirklichkeit nur vor meinen Problemen davonlief, anstatt mich mit ihnen zu beschäftigen. Inzwischen suche ich in solchen Situationen meine innere Ruhe und sehe meinen Gedanken und Gefühlen ins Auge, um mich selbst besser verstehen zu können.

Wenn Sie traurig, einsam, wütend, glücklich, eifersüchtig oder sonst irgendetwas sind, versuchen Sie nicht sofort etwas zu tun. Kommen Sie erst einmal zu innerer Ruhe und setzen Sie sich hin. Und dann atmen Sie einfach so lange tief ein und aus, bis Sie die Situation besser verstehen. Registrieren Sie Ihre Empfindungen in all ihren Nuancen. Versuchen Sie Mitgefühl mit dem Menschen zu haben, der diese Gefühle in Ihnen geweckt hat. Schreiben Sie etwas darüber in Ihr Tagebuch. Sprechen Sie mit jemandem darüber. Denken Sie gründlich darüber nach.

Immer wenn Sie denken, dass es doch irgendetwas geben müsse, das Sie in dieser Situation tun könnten, sollten Sie sich an Ihren Ort der Ruhe zurückziehen und länger dort bleiben als sonst. Machen Sie sich die Praktiken zunutze, die Sie für Ihren inneren Frieden gelernt haben, und bauen Sie darauf auf. Zünden Sie Ihre Räucherstäbchen oder Ihre Kerze an, setzen Sie sich ruhig hin und atmen Sie. Wenn Sie den unwiderstehlichen Impuls verspüren, etwas zu tun, dann tun Sie es hier in der Stille. Doch wenn Sie können, sitzen Sie einfach 20 Minuten lang schweigend da und tun Sie gar nichts. Atmen Sie ruhig und gleichmäßig und versuchen Sie nichts zu erzwingen.

Sitzen Sie einfach nur da. Wenn Gedanken in Ihnen aufsteigen, lassen Sie sie kommen und wieder vorüberziehen. Wenn Gefühle in Ihnen aufsteigen, lassen Sie sie kommen und wieder vorüberziehen. Und wenn Sie physischen Schmerz empfinden, lassen Sie ihn einfach zu. Und dann lassen Sie ihn wieder los. Gar nichts zu tun ist vielleicht das Schwierigste, was Sie tun können – aber möglicherweise auch das Wichtigste. Wenn Sie also das Gefühl haben, unbedingt etwas tun zu müssen, dann gehen Sie in Ihre Wohlfühlecke und sitzen Sie einfach still.

Achtsam durch den Tag gehen

Wenn Sie sich an Ihrem Ort der Ruhe regelmäßig auf Ihre Atmung konzentrieren, werden Sie irgendwann die Fähigkeit entwickeln, im jetzigen Augenblick zu leben. Anfangs werden Sie sich vielleicht fragen, warum das denn so wichtig sei. Doch je mehr Fortschritte Sie machen, desto klarer wird Ihnen werden, dass der jetzige Augenblick der einzige ist, den es gibt. Und wenn Sie diesen Augenblick in einem Zustand hundertprozentiger Wachheit erleben, wird Ihr ganzes Leben eine reine Wonne sein. Das mag Ihnen vielleicht ein bisschen übertrieben vorkommen; aber Ihr Streben danach wird reich belohnt werden.

Diese Fähigkeit, im jetzigen Augenblick zu leben, werden Sie zuallererst in der Ruhe inneren Friedens erlernen. Üben Sie sie regelmäßig und bringen Sie es darin zu solcher Meisterschaft, dass Sie diese innere

Haltung mit in die Welt hinausnehmen und nicht nur an Ihrem Ort der Ruhe praktizieren können. Nehmen Sie sie mit an Ihren Arbeitsplatz. Achten Sie genau auf jede Aufgabe, die Sie gerade erledigen. Versuchen Sie in einer Konferenz nicht schon ungeduldig auf ihr Ende zu warten. Widmen Sie jedem Anruf Ihre ganze Aufmerksamkeit. Nehmen Sie diese neue Perspektive auch mit nach Hause. Wenn Sie das Abendessen zubereiten, denken Sie nicht daran, wie es schmecken wird. Geben Sie sich einfach ganz dem Erlebnis des Kochens hin. Baden Sie nicht, um sauber zu werden, sondern einfach nur um des Badens willen. Und gehen Sie auch an all Ihre Freizeitaktivitäten mit dieser Haltung der Achtsamkeit heran. Konzentrieren Sie sich beim Tennisspiel auf jeden Schlag, ohne einen Gedanken an den Sieg zu verschwenden. Pflanzen Sie Tomaten, ohne an die Ernte zu denken.

Je mehr Sie in dieser inneren Haltung der Achtsamkeit leben, umso weniger stressig wird Ihr Leben sein. Sie werden dann auch viel mehr Zeit und weniger Ängste haben. Je achtsamer Sie werden, umso leichter werden Sie alles akzeptieren, was auf Sie zukommt. Praktizieren Sie diese Einstellung zuerst in Ihrer Zeit der Stille und weiten Sie sie dann allmählich auf Ihr ganzes Leben aus. Wenn Sie zu den Menschen gehören, die sich am besten vor dem Fernseher oder im Kino entspannen können, richten Sie auch auf diese Freizeitaktivitäten Ihre ganze Aufmerksamkeit – dann werden Sie sich dabei noch besser entspannen können. Leben Sie von Augenblick zu Augenblick und widmen Sie jeder Sekunde Ihre volle Aufmerksamkeit, dann wird das Leben Sie niemals enttäuschen.

Nehmen Sie Ihren Ort der Ruhe mit auf die Reise

Eine Reise kann eine große Belastung sein und viel Stress mit sich bringen – ob man nun aus geschäftlichen Gründen oder nur zum Vergnügen reist oder beides. Vielleicht sitzen Sie im Flugzeug die ganze Zeit wie auf Kohlen, weil Sie sich Gedanken darüber machen, ob Sie Ihren Anschlussflug noch erreichen werden. Doch ob Sie nun darüber nachgrübeln oder nicht – Sie können ja doch nichts daran ändern, also konzentrieren Sie sich einfach auf Ihre Atmung und überlassen Sie alles andere der Fluggesellschaft.

Nur wenige Menschen nehmen es gelassen hin, wenn unterwegs ihr Gepäck verloren geht. Doch wenn Sie in solch einer Situation die Fähigkeiten praktizieren, die Sie für Ihren inneren Frieden gelernt haben, werden Sie staunen, wie gleichmütig Sie den Verlust akzeptieren. Nutzen Sie diese Erfahrung, um etwas daraus zu lernen: Beobachten Sie sich selbst und die Art, wie Sie mit dieser unangenehmen Situation umgehen. Können Sie etwas daran ändern, indem Sie wütend werden und in aller Öffentlichkeit einen Tobsuchtsanfall bekommen? Fühlen Sie sich hinterher besser? Kein Mensch kann in jeder Lebenslage gelassen bleiben; doch wenn Sie versuchen, in dieser Situation innere Ruhe zu bewahren, werden Sie sich zumindest weniger darüber aufregen. Versuchen Sie sich für ein paar Minuten an ein ruhiges Plätzchen zurückzuziehen; dann werden Sie als ganz neuer Mensch zurückkehren. Atmen Sie einfach. Und lächeln Sie.

Wenn Sie mit dem Auto oder mit öffentlichen Verkehrsmitteln zur Arbeit fahren müssen, wird es dabei zwangsläufig öfter einmal Verzögerungen geben. Denken Sie in solchen Situationen daran, dass Sie nicht die Ursache dieser Verzögerung sind und nichts daran ändern können. Auch in solchen Situationen kann Ihnen ein Ort der Ruhe gute Dienste leisten. Wenn Sie können, setzen Sie sich hin, konzentrieren Sie sich auf Ihre Atmung und machen Sie einfach die unfreiwillige Pause zu einem Ort der Ruhe.

Für viele Menschen sind Züge, Flugzeuge und Autos nichts weiter als Transportmittel, die uns von einem Ort zum anderen bringen. Wenn Sie auch zu diesen Leuten gehören, versuchen Sie Ihre Einstellung zu ändern, sodass Sie die Fahr- oder Flugzeit, die Sie bisher für verlorene Zeit hielten, gewinnen und sich noch mehr Nischen der Ruhe und Entspannung in Ihrem Leben einrichten können. Dann werden Sie Ihre Reisezeit nicht mehr als notwendiges Übel betrachten. Vielleicht werden Sie sich dann sogar genauso auf die Reise freuen wie auf die Zeit, die Sie am Ziel verbringen. Genießen Sie die Reisezeit als ein Geschenk, das Ihnen bisher gar nicht zum Bewusstsein gekommen ist.

Unerschütterliche Ruhe

Als ich mit dem Meditieren begann, sagte man mir, ich solle versuchen, mich von meinen Gedanken und Gefühlen zu distanzieren. Ich verstand das so, als solle ich an nichts denken und nichts empfinden, und fürchtete, dadurch ein gefühl- und gedankenloser Mensch zu werden. Aber wenigstens würde ich dadurch erleuchteter, dachte ich.

Also begab ich mich auf die Suche nach dem Wunder inneren Friedens, indem ich versuchte, nichts zu fühlen und an nichts zu denken. Natürlich kam ich damit nicht sehr weit. Bald war ich überzeugt davon, eine erbärmliche Versagerin zu sein und niemals inneren Frieden finden zu können. Doch irgendwann lernte ich, dass innere Distanz nicht bedeutet, keine Gedanken und Gefühle mehr zu haben. Wir können unser Denken und Fühlen ebenso wenig ausschalten wie unsere Atmung –

jedenfalls nicht, solange wir am Leben sind. Inzwischen weiß ich, dass ich meine Gedanken und Gefühle auch gar nicht zu unterdrücken brauche. Es kommt nur darauf an, mich dadurch nicht aus der Ruhe bringen zu lassen. Das ist das Ziel unseres Weges: die Unerschütterlichkeit. Dieses Ziel ist erreichbar. Es ist der Mühe wert. Und vielleicht werden wir dadurch sogar erleuchteter.

Der Vorteil dabei ist: Sobald Sie lernen, sich von Ihren eigenen Gedanken und Gefühlen zu distanzieren, werden auch die Handlungen und Gefühle anderer Menschen Sie immer weniger aus der Ruhe bringen. Sie werden alles, was Ihnen auf Ihrem Weg begegnet, mit spielerischer Leichtigkeit bewältigen.

Und was noch wichtiger ist: Wenn Sie dem Weg der Meditation konsequent folgen und sich immer wieder in die Ruhe inneren Friedens zurückziehen, werden Sie auch mitfühlender werden und Ihre Mitmenschen nicht mehr so vorschnell verurteilen.

Ich kann Ihnen auch nicht erklären, warum eine größere Distanz zu unseren eigenen Gefühlen uns hilft, mehr für andere Menschen zu empfinden, aber es ist so.

Ich überlasse die Lösung dieses Rätsels den Mystikern. Und ob es Ihnen nun paradox erscheint oder nicht: Wenn Sie diese unerschütterliche Gelassenheit erreichen und dadurch eine ganz neue, freudvolle Verbindung zu Ihrer Welt aufbauen, dann sind Sie für den Rest Ihres Lebens auf dem richtigen Weg.

Warum es sich lohnt

Natürlich ist es bewundernswert, wenn jemand sich ohne jegliche Erwartungen um etwas bemüht; doch schließlich sind wir alle nur Menschen, und uns Menschen fällt es nun einmal schwer, etwas völlig Zweckfreies zu tun. Zwar sind die Meditationspraktiken, die ich Ihnen in diesem Buch empfehle, alle einfach; aber sie sind nicht immer leicht. Deshalb will ich Ihnen nun einmal aufzählen, was Sie alles an positiven Wirkungen erwartet, wenn Sie den Weg der Meditation gehen. Doch diese Wirkungen werden sich nicht automatisch einstellen, nur weil Sie dieses Buch gelesen haben.

Sie müssen sich schon die Zeit nehmen und die Mühe machen, das alles auch in die Praxis umzusetzen. Aber wenn Sie das tun, werden Sie garantiert nicht enttäuscht sein. Konzentrieren Sie sich einfach immer auf den Punkt, an dem Sie gerade stehen; dann wird dieser Weg sehr viel leichter für Sie werden.

Sie werden ein Leben in harmonischem Gleichgewicht führen. Sie werden körperlich, geistig und emotional stets im Einklang mit sich selbst und Ihrer Umgebung sein. Sie werden wichtige Erkenntnisse über Ihre Welt und Ihr Leben gewinnen. Friede, innere Klarheit und Verständnis werden in Ihr Leben einkehren; Sie werden mehr Freude empfinden und häufiger ein Lächeln auf den Lippen haben. Sie werden sich weniger wünschen und dankbarer für das sein, was Sie bereits besitzen. Und Sie werden auch Ihre Mitmenschen besser verstehen können und lernen, sie bedingungslos zu lieben.

All das können Sie erreichen, indem Sie sich einfach nur ein bisschen Zeit nehmen, still sitzen und atmen.

Nachwort: Erzählen Sie uns vom Wunder Ihres inneren Friedens

Dieses Buch will Ihnen lediglich Vorschläge und Anregungen geben. Lassen Sie Ihrer Fantasie und Kreativität bei der Suche nach dem Wunder inneren Friedens ruhig freien Lauf! Ich würde mich freuen, von Ihnen zu erfahren, wie Sie das Wunder inneren Friedens in Ihr Leben gebracht haben und was Sie anderen Lesern empfehlen würden, die sich auf dem gleichen Weg befinden.

Wie sieht Ihr Ort der Ruhe aus? Wie beschäftigen Sie sich darin, und womit schmücken Sie ihn? Gestalten Sie ihn immer wieder anders, oder vermittelt es Ihnen ein größeres Gefühl der inneren Ruhe, wenn Ihre Wohlfühlecke immer gleich aussieht?

Welche Erfahrungen haben Sie darin gemacht, die Sie gern mit anderen Menschen teilen möchten?

Wenn Sie mir Ihre Ideen, Anregungen, Erfahrungen, Gedanken und Empfindungen mitteilen möchten, schreiben Sie einfach auf Englisch an:

Your Quiet Corners
c/o Warner Books
1271 Avenue of the Americas
New York, NY 10020

Dank

Zunächst einmal möchte ich meinem früheren Chef dafür danken, dass er mich entlassen hat, denn ohne diese Erfahrung wäre dieses Buch nicht entstanden.

Auch folgende Menschen haben wesentlich zu seiner Entstehung beigetragen: Danke und Gassho an Boun Nancy Berg dafür, dass sie meine Aufenthalte im Dai Bosatsu Zendo für mich organisierte und mich in die Praktiken des Zen-Buddhismus einführte – und mir gratulierte, als ich meinen Job verlor. Vielen Dank auch an Bill und Bob für ein Programm, das mir das Leben rettete und mich auf meinen spirituellen Weg brachte.

Danke an meinen Schutzengel Rinaldo Petronio und an Donge John Haber für sein Wohlwollen und seinen Humor und dafür, dass er mir die Zen-Erfahrung verständlich machte. Ich danke auch Tim Kelley für den Kummer, den er mir bereitete – denn sonst hätte ich mich wahrscheinlich nie dazu entschlossen, meditieren zu lernen. Und ich bedanke mich bei John Michel für seine Ermutigung und seine redaktionelle Mitwirkung in den Anfangsstadien dieses Buches – dafür, dass er an meine schriftstellerischen Fähigkeiten glaubte und mir ein guter Freund war.

Betsy Lerner danke ich für ihre Unterstützung, ihre praktische Hilfe und ihre Begeisterung für dieses Buchprojekt. Eido Shimano Roshi bin ich dankbar dafür, dass er mir die Tore seines Klosters öffnete und mir beibrachte, wie man richtig atmet.

Seigan Ed Glassing bin ich dankbar, weil er mich so vieles über die innere Haltung des Akzeptierens lehrte, Junpo Denis Kelly für seine Großzügigkeit und Edra, Elly, Donna, Leslie, Susan und Ruth dafür, dass sie mir erlaubten, ihnen zu helfen, und es mir in vielfacher Hinsicht vergalten.

Sarah Jane Freymann danke ich für ihren Weitblick und ihre Unterstützung bei der ersten Konzeption dieses Buches.

Barbara Suter schließlich gebührt mein Dank dafür, dass sie mich so viele schwere Jahre lang mit ihrer Liebe und ihrem unerschütterlichen Sinn für Humor begleitete. Und schließlich danke ich Tom Fuller dafür, dass er mir stets ein treuer Freund war.

Über die Autorin

NANCY O'HARA begann sich nach dem Tod ihres Vaters Mitte der Achtzigerjahre mit dem Buddhismus zu beschäftigen und fand Trost in der tiefen Stille der Meditation.

Im Rahmen einer Initiationszeremonie bekannte sie sich im Jahr 1992 zu den Lehren des Buddhismus und erhielt den Dharma-Namen Myochi, der so viel wie »wunderbare Weisheit« bedeutet.

In ihren Büchern gibt sie spirituelle Anleitungen für das tägliche Leben auf der Basis ihrer eigenen Erfahrungen und der Lehren des Zen-Buddhismus.

Außerdem hält Nancy O'Hara Meditationskurse und führt Firmenseminare zum Thema »Bewusstheit bei der Arbeit« durch.

Sie lebt in New York.

Besuchen Sie auch ihre Internetseite:
www.nancyohara.com